EL MANUAL DE CAMPO

DE MUSASHI

GANAR EN LA VIDA

Stickman Publications, Inc.
Seattle WA 98126

www.stickmanpublications.com

ISBN-13: 978-0-578-98817-7

Descargo de responsabilidad:

La información de este libro se distribuye "tal cual", sin garantía. Nada en este documento constituye una opinión legal ni ninguno de sus contenidos debe ser tratado como tal. Ni los autores ni el editor tendrán ninguna responsabilidad con respecto a la información contenida en este documento. Además, ni los autores ni el editor tienen ningún control ni asumen ninguna responsabilidad por los sitios web o recursos externos a los que se hace referencia en este libro. Cuando se trata de artes marciales, defensa personal, violencia y temas relacionados, ningún texto, sin importar cuán bien escrito esté, puede sustituir la instrucción profesional y práctica. Estos materiales deben usarse solo para estudios académicos.

EL MANUAL DE CAMPO

DE MUSASHI

GANAR EN LA VIDA

MIYAMOTO MUSASHI
KRIS WILDER &
LAWRENCE A. KANE

STICKMAN PUBLICATIONS

Contenido

Prólogo de Iain Abernethy

Retrato de Miyamoto Musashi (autorretrato)
a principios del siglo XVII (período Edo)

Miyamoto Musashi (1584 – 1645) es, sin duda, uno de los mejores guerreros que han vivido. Invicto en más de sesenta duelos, su habilidad como espadachín es inigualable. Creo que sería justo afirmar que la mayoría de los artistas marciales que han estado entrenando durante más de unos años tienen una copia de *Go Rin No Sho (El libro de los cinco anillos) de* Musashi en su estantería; ¡algunos incluso lo han leído! Esta guía sobre la estrategia combativa de Musashi es quizá la segunda en popularidad moderna que *El arte de la guerra de* Sun Tzu.

Si bien *El arte de la guerra* se centra en la estrategia empleada por los ejércitos en grandes conflictos, *El Libro de los Cinco Anillos* se centra en altercados uno contra uno, de ahí su popularidad entre los artistas marciales. *El Libro de los Cinco Anillos* también ha encontrado mucha popularidad en el mundo empresarial. Sin embargo, uno no puede dejar de preguntarse qué podría haber pensado Musashi de eso, con que los comerciantes son la clase más baja de la sociedad samurái por el hecho que no produjeron nada, sino que simplemente distribuyeron el resultado del trabajo de otros.

Lo que probablemente sea menos conocido es *Dokkodo* de Musashi (*El camino que se debe seguir solo;* a veces traducido como *El camino de la soledad*), que es esencialmente un breve resumen de su filosofía de vida. Sin embargo, eso también debería formar parte del estudio de todos los artistas marciales serios. De hecho, es un trabajo interesante para personas que desean sobresalir en cualquier campo.

vii

Incluso aquellos que no conocen a Musashi han experimentado su influencia cultural. Por ejemplo, se dice que la icónica captura de moscas con palillos en la película *The Karate Kid* está basada en cuentos de Musashi. En mi caso, la primera vez que me topé con Musashi fue escuchando la canción "Sun and Steel" de Iron Maiden en su álbum de 1983 *Piece of Mind*. Tenía poco que había empezado a entrenar karate y la canción me inspiró para saber más sobre este legendario guerrero. He leído *El Libro de los Cinco Anillos* innumerables veces desde entonces. En cada lectura, me doy cuenta que hay niveles cada vez más profundos en el libro y el repetido consejo de Musashi de "pensar en esto profundamente" es un buen consejo.

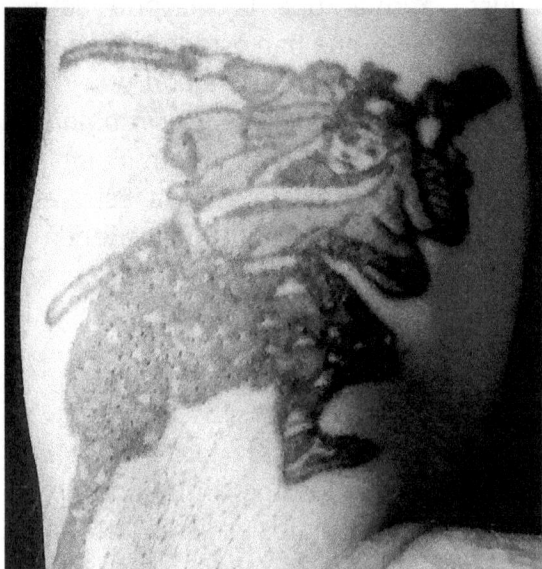

El tatuaje de Iain se desvaneció tras 27 años de compromiso.

Cuando cumplí dieciocho años, decidí aprender a usar la *katana* (espada larga samurái) para entender mejor los consejos de Musashi. Estudié ese arte durante unos cinco años. Cuando cumplí veintitrés años, me hice mi primer tatuaje. Ahora estoy cubierto de distintas imágenes, pero me pareció obvio en aquel entonces que mi primer tatuaje debía ser el de Musashi, y que debía colocar la espada en mi brazo derecho. Tengo una versión del icónico grabado en madera de Musashi, creado por el artista japonés Utagawa Kuniyoshi (1798 - 1861). El paso de veintisiete años ha desvanecido el tatuaje, y ya no parece tan vibrante como antes, pero sigue ahí y lo llevo con orgullo.

Tanto el *Libro de los Cinco Anillos* como El camino que se debe seguir solo se transmitieron al estudiante de Musashi Terao Magonojō (1611 – 1672) unos días antes de la muerte de Miyamoto Musashi el 13 de junio de 1645. Son obras muy importantes.

El camino que se debe seguir solo es una lectura fascinante que contiene muchos buenos consejos de un hombre que sin duda dejó su huella en el mundo y sobresalió en su campo. Si bien hay mucho que podemos aprender de Musashi, también hay una advertencia. Todos tenemos la tendencia a ver sólo lo mejor en quienes admiramos, pero Musashi era una figura compleja. Por ejemplo, parece haber dado poco valor a las relaciones humanas y se sabe que mató a un niño de doce años mediante una emboscada. En resumen, Musashi tras derrotar a sus hermanos mayores, Matasichiro Yoshioka (1592 – 1604), de doce años, lo desafió a un duelo a muerte para restaurar el honor de su familia. Musashi le tendió una emboscada, mató al chico y luego luchó contra sus criados para escapar.

Para nuestra sensibilidad moderna, matar a un niño de esta manera no es algo que nos haga sentir bien. Sin embargo, la verdad es la verdad sin importar quién la diga, y no cabe duda que Musashi tiene muchas cosas interesantes y perspicaces que decir. Por ejemplo, su cita "El objetivo final de las artes marciales es no tener que usarlas" es una frase con la que la mayoría coincidiría de todo corazón, aunque el propio Musashi no siempre siguiera sus propios consejos.

El pensamiento de Musashi también se expande más allá del combate. Su visión se puede aplicar a muchas cosas. Como escribió el propio Musashi: "Si conoces el camino a grandes rasgos, lo verás en todo".

Kris y Lawrence eran grandes amigos, grandes hombres y grandes artistas marciales. Por lo tanto, es un placer escribir este modesto prólogo de este excelente libro. La lectura del *Dokkodo* hace que el trabajo sea accesible y aplicable a nuestras vidas modernas. Has hecho un movimiento inteligente al conseguir este libro. No dejes que acumule polvo en tu estantería, ¡ponlo en práctica!

Iain Abernethy ha estado involucrado en las artes marciales desde la infancia. Posee el rango de cinturón negro 7º Dan de la Asociación Británica de Combate (uno de los principales grupos mundiales de combate cuerpo a cuerpo, autoprotección y artes marciales prácticas), la Asociación Británica de Karate de Combate y la Federación Inglesa de Karate. Uno de los principales exponentes del karate aplicado, Iain ha escrito varios libros aclamados por la crítica sobre la aplicación práctica de las artes marciales tradicionales y es muy conocido por su trabajo sobre el uso pragmático de las técnicas y conceptos registrados en *kata* (formas) tradicionales. Los seminarios, libros, DVD y artículos de Iain han demostrado ser muy populares entre los grupos y personas que desean practicar sus artes como sistemas pragmáticos que originalmente estaban destinados a ser. Podrás obtener más información en su sitio web en https://www.iainabernethy.co.uk/.

No hay nada fuera de ti que pueda permitirte ser mejor, más fuerte, más rico, más rápido o más inteligente. Todo está dentro de ti.

Miyamoto Musashi

Introducción

Nacido en 1584, Miyamoto Musashi (1584 - 1645) creció durante el sangriento periodo Azuchi-Momoyama del Japón feudal con aspiraciones de convertirse en el mejor espadachín de todos los tiempos. Mató a su primer oponente en un duelo a la edad de trece años y se sabe que mató a más de sesenta samuráis (guerreros, literalmente "quienes sirven") altamente entrenados en un solo combate, junto con innumerables más en el campo de batalla. Destacarse en una época en la que los conflictos violentos eran habituales y en la que incluso una pequeña herida podía provocar una infección y la muerte fue una hazaña casi milagrosa de estrategia, habilidad con la espada y determinación.

Apodado kensei, o "santo de la espada", por su inigualable destreza en la batalla, Musashi fundó el poco convencional estilo de esgrima Hyōhō Niten Ichi-Ryu, que se traduce directamente como "Dos cielos como uno", o más sencillamente como "Estilo de dos espadas". Como la mayoría de los miembros de la clase samurái, dominaba todos los aspectos de la guerra, pero también era hábil en las artes pacíficas, un poeta, calígrafo, escultor y un artista excepcional.

Dos años antes de morir, Musashi se retiró a una vida de reclusión en una cueva donde codificó su estrategia ganadora en Go Rin No Sho, que significa *El libro de los cinco anillos*. Como preparación para su inminente muerte en 1645, regaló sus posesiones y escribió sus últimas reflexiones sobre la vida en un tratado que tituló Dokkodo, que se traduce como *"El camino que se debe seguir solo"*. Este volumen fue otorgado a su alumno favorito Terao Magonojō (1611 - 1672), a quien también se había dedicado Go Rin No Sho.

Dokkodo es un breve ensayo que contiene solo 21 pasajes, pero es tan profundo o más que la tesina más larga de Musashi. Su objetivo era preparar a su preciado alumno para el éxito, transmitiéndole la sabiduría que tanto le costó adquirir sobre lo que constituye una vida digna y valiosa. El reto, sin embargo, es que su misma brevedad deja este escrito abierto a la interpretación, algo que puede haber sido difícil de descifrar cuando se escribió originalmente y que ciertamente se ha vuelto más difícil de comprender hoy, más de tres siglos después de redactarse.

En un mundo en el que "la pestaña A encaja en la ranura B", la mayoría de nosotros estamos acostumbrados a que nos digan lo que tenemos que hacer en lugar de esforzarnos por descubrir las cosas por nosotros mismos. Esto hace que el análisis introspectivo sea valioso de muchas maneras, especialmente cuando tenemos una hoja de ruta eficaz para guiar nuestros estudios. Es justo ahí donde entra el Manual de Campo de Musashi. Nos ayuda a discernir nuestra interpretación personal del Dokkodo de Musashi y, al hacerlo, ser más sabio y perspicaz desde el proceso.

Este es un libro de trabajo estructurado pero abierto, diseñado para hacerte pensar. Cada capítulo comienza con un precepto del Dokkodo de Musashi junto con algunos comentarios relacionados con el tema. Posteriormente ofrece una lista de preguntas para que las contemples. No hay respuestas estándar ni claves de respuesta con las que comparar tus hallazgos. Te corresponde a ti descubrir tus propias respuestas a través del autoexamen, la contemplación y el estudio. Musashi abrió el camino, ahora tú tienes el privilegio de seguir sus pasos. A lo largo del camino descubrirás nuevas ideas y, al hacerlo, harás tuya la interpretación de sus preceptos.

Al igual que la mayoría de los esfuerzos que merecen la pena, el valor de este cuaderno está directamente relacionado con el esfuerzo que le dediques. Toma tu tiempo. Piensa profundamente. Con una consideración cuidadosa y un estudio diligente, podrás saborear los resultados de tu arduo trabajo durante el resto de tu vida.

¡Disfrútalo!

Los fuertes hacen lo que tienen que hacer y los débiles aceptan lo que tienen que aceptar.

Tucídides

1.

Acepta todo tal y como es

A primera vista, esta afirmación puede parecer pasiva, pero en la práctica no lo es. De hecho, es un reconocimiento del mundo, de la forma en que se comporta el universo. Es un reconocimiento de cómo actúa la naturaleza. En otras palabras, no nos dice que aceptemos dócilmente todo lo que nos llega, sino que nos advierte de que debemos ser cuidadosos con nuestro enfoque, cautelosos con los filtros a través de los cuales elegimos observar todo lo que nos rodea. Discernir qué es real y percibir lo que está ideado.

Musashi nos dice que nos inclinemos y aceptemos una visión clara de la realidad en lugar de una construcción imaginativa de nuestra elección. Una visión constructiva es similar a una vidriera. Sabemos que estamos observando la luz del sol que entra por la abertura, pero los colores se transforman y realzan gracias al cristal. Por hermosa que sea, la ventana sigue siendo un artificio humano. Las formas y los colores de la ventana filtran la luz solar natural, cambiando sus tonos auténticos. Cuanto más gruesa y colorida sea la ventana, mayor será la alteración.

Es fundamental que seamos conscientes de nuestros filtros y, al mismo tiempo, que no nos quede un filtro demasiado grande al terminar. Musashi y sus alumnos necesitaban conocer esto. Era imprescindible para su supervivencia en un mundo en el que guerreros muy hábiles se lanzaban regularmente hojas de afeitar de un metro en los campos de batalla y en los duelos. Los delirios no pueden sobrevivir al teatro de la guerra. Se trataba de una situación grave, en la que todos los samuráis debían ver las cosas tal y como eran.

Aunque la mayoría de nosotros no nos enfrentaremos regularmente a situaciones de vida o muerte, debemos prestar atención a este consejo. Musashi no colocó esta advertencia por error como su primer precepto. De hecho, creemos que estos 21 principios se escribieron en orden de importancia. Todos son significativos, pero éste en particular es crucial. Si nos obstinamos en seguir viendo el mundo a través de la lente de nuestro propio engaño, no podremos poner en práctica este ni ningún otro de los preceptos del Santo de la Espada.

El efecto Dunning-Kruger, codificado en 1999 por los psicólogos de la Universidad de Cornell David Dunning (1961 –) y Justin Kruger (1972 –), es un sesgo cognitivo en el que las personas sobreestiman erróneamente sus conocimientos o habilidades. Esto suele ocurrir debido a la falta de autoconciencia que nos impide evaluar con precisión nuestras habilidades. Puede ser difícil superar este sesgo, pero siempre que cuestionemos nuestra comprensión y nuestras conclusiones en lugar de aceptarlas ciegamente, nos encontramos en el camino correcto. Incluso en áreas en las que estamos 100% seguros, debemos reconocer la posibilidad de que haya algo más que aprender que aún no conocemos.

Este es el desafío de Musashi: tenemos que hacer todo lo posible para ver y reconocer cómo son las cosas, independientemente de si son o no lo que deseamos que sean. A medida que recorres este cuaderno de trabajo, sin duda te resultará difícil esta primera sección. Requerirá una introspección significativa; todas estas cosas lo requieren. Pero ya lo sabías de antemano...

Revisa tus sesgos. Sé tu propio "abogado del diablo", sé completamente honesto contigo mismo. Puede que te resulte incómodo, pero será mejor para la experiencia, ya que este primer precepto sienta las bases para el resto de tu trayecto.

¿Cómo me impide mi ego avanzar hacia el conocimiento
que necesito para una vida mejor?

¿Puedo nombrar un ejemplo específico de dejar
que mi ego se interpusiera en el camino?

¿Fue este ejemplo un incidente único o parte
de un comportamiento mayor?
¿Lo he repetido varias veces?

Cuando miro mi vida, ¿la mido de manera verdadera
o estoy nublando mi propia visión?

De todas las cosas de mi vida, ¿qué elementos
tengo realmente bajo control?
¿Puedo enumerar 1, 2 o 3?

1

2

3

El cambio es inevitable; ¿estoy aceptando el cambio con el flujo?

¿Puedo enumerar un momento reciente en el
que haya utilizado el flujo con éxito?

¿En qué he vendido mi tranquilidad y ha valido la pena?

¿Cómo puede mi circunstancia actual ser exactamente lo que necesito,
e incluso cambiar mi mente para apreciar lo que está sucediendo?

¿Qué elemento en mi vida que parece ser una cosa
podría ser vista desde un nuevo ángulo?

_____

_____

_____

_____

_____

_____

_____

_____

¿Puedo aceptar lo que se me ha dado?

_____

_____

_____

_____

_____

_____

_____

¿Puedo aprovechar al máximo el día de hoy y, por
extensión, mi vida, hoy, ahora y en adelante?

¿Qué puedo hacer hoy para acercarme a mi
objetivo, por pequeño que sea?

Conclusión

Lo que intento hacer es iluminar las situaciones en las que aceptar las cosas tal y como son ha provocado ansiedad, estrés o conflicto. Ahora he identificado las áreas de mi vida sobre las que tengo control y, por extensión, aquellas áreas sobre las que no tengo control. ¿Cuál es la única frase que escribiré que expresa mi nuevo entendimiento?

Cuando me concentro en cosas que están fuera de mi control, esto crea

en mi mente y hace que mi cuerpo se sienta

Estos sentimientos son emociones y son contrarios a mi ser

y

por lo que puedo ver el mundo con claridad.

El trabajo es la carne de la vida, y el placer el postre.

B. C. Forbes

2.

No busques el placer por el placer

Hacia el año 1500 a.C. se impuso el culto a Dionisio. Dionisio (también conocido como Baco o Liber Pater) estaba asociado a la fecundidad y la vegetación, especialmente conocido como dios del vino y del éxtasis. Su culto giraba en torno a las uvas, el vino, la cosecha, todo lo que se asociaba con la juerga de los borrachos, incluidos los bailes, los cantos, las orgías salvajes y los sacrificios de animales. Mientras estaban bajo la inspiración de su deidad, los adoradores creían poseer poderes ocultos, como la capacidad de encantar serpientes, así como una fuerza preternatural que les permitía despedazar sacrificios de animales vivos antes de consumirlos en festines rituales llamados Dionysia (o Bacchanalia).

Para los estándares modernos, el culto dionisíaco parece un poco extremo, pero el hedonismo no era tan raro históricamente, a pesar de ser casi universalmente mal vistas por las sociedades de la época. Incluso hoy, la búsqueda del placer por el placer tiene una connotación negativa. La literatura occidental está repleta de ejemplos y advertencias contra el libertinaje y la desvergonzada auto indulgencia. Con frecuencia, estas parábolas terminan cuando el buscador del placer logra su recompensa solo para encontrar un sentimiento amargo, prueba de que su estilo de vida no tenía ningún valor verdadero o redentor.

Podemos encontrar este tipo de advertencias en todas partes; por ejemplo, el villano que está en el centro de historias, aunque se crea el héroe. Puede que esta búsqueda del placer no sea la peor búsqueda que uno podría imaginar, pero todos sabemos que el placer es efímero. Es como intentar capturar el humo y verterlo en un cubeta sin fondo. Si todo lo que nos importa es el placer, nunca podremos satisfacer nuestros deseos.

Musashi no fue el único en esta advertencia. Las luminarias a lo largo de los siglos han advertido sobre la autocomplacencia, se han enfrentado a buscar placer por el placer. Algunos ejemplos famosos:

> "Quien vive buscando sólo el placer, sus sentidos incontrolados, inmoderado en sus goces, ocioso y débil, el temperamento ciertamente lo vencerá, como el viento derriba un árbol débil".
>
> — **Gautama Buddha** (563 aC – 483 aC)

> "Es un pecado perseguir el placer como un bien y evitar el dolor como un mal".
>
> — **Marcus Aurelius** (121 – 180)

> "Los placeres prohibidos son como el pan envenenado; pueden satisfacer el apetito por el momento, pero al final habrá muerte".
>
> — **Tyron Edwards** (1809 – 1894)

> "Hay siete pecados en el mundo: la riqueza sin el trabajo, el placer sin la conciencia, el conocimiento sin el carácter, el comercio sin la moral, la ciencia sin la humanidad, el culto sin el sacrificio y la política sin los principios".
>
> — **Mahatma Gandhi** (1869 – 1948)

A medida que de adentres en esta parte del cuaderno de trabajo presta mucha atención. Observa los aspectos sustanciales de tu vida, considera tu motivación y examina cómo trataste esas partes de tu vida con respecto al placer.

El equilibrio entre la vida y el trabajo es el sello de una persona estable.
¿Estoy equilibrado entre el trabajo y la vida?

¿Están alineados el carácter que busco para mí
y el que presento al mundo? ¿Cómo?

Tengo muchas fortalezas algunas grandes y otras pequeñas.
¿Puedo identificar 3 fortalezas?

1

2

3

¿Cómo puedo utilizar esas fortalezas?

¿Cuáles son los principios que he adoptado, hace poco o hace mucho tiempo, que me guían a través del flujo del cambio?

El placer no es una cosa o experiencia mala, sin embargo,
buscarlo por la experiencia puede convertirse en una distorsión.
El placer también se puede utilizar para ofuscar un problema
y entender. A veces utilizo el placer para sustituir

Resulta sorprendente
observar que, incluso
desde la más temprana
edad, el hombre encuentra
la mayor satisfacción al
sentirse independiente.
El sentimiento exaltante
de ser suficiente para
uno mismo llega como
una revelación.

Maria Montessori

3.

En ningún momento dependas de un sentimiento parcial

El principio aquí es que los sentimientos son algo bueno, pero debemos hacer una distinción entre sentimientos y sentimientos parciales. Los sentimientos parciales son conjeturas o corazonadas; se basan en la intuición y no en hechos conocidos o datos concretos. Los sentimientos parciales pueden resultar correctos en última instancia, pero la mayoría de las veces descubrimos que son incorrectos y, por tanto, no debemos actuar en consecuencia sin más información o exploración.

Piensa en los sentimientos parciales como en el hormigón que puede colocarse en su sitio, pero que necesita tiempo para curarse y endurecerse hasta alcanzar su plena resistencia. El hormigón suele parecer seco al tacto en tan sólo 48 horas, pero en los entornos industriales tarda unos 28 días, dependiendo del clima, en alcanzar su plena resistencia. Al igual que no podemos construir un rascacielos sobre un hormigón verde que ha fraguado pero no se ha curado del todo y esperar que sobreviva a una tormenta de viento o a un terremoto, no podemos tomar decisiones importantes basándonos en sensaciones parciales.

La propia palabra "sentimiento" resulta interesante. En inglés, los sentimientos pueden significar percepciones internas o sensaciones físicas. Los sentimientos pueden ser artificiales. Este artificio es una sensación emocional conveniente, independientemente de su racionalidad. Por ejemplo, la afirmación "siento que me atacas con tus palabras" es bastante común. Esta declaración es una expresión emocional de sentimiento. Claro que nuestros sentimientos nos resultan reales, pero ¿reflejan realmente la realidad en la que nos encontramos? ¿La otra persona me estaba atacando realmente, o simplemente expresando un desacuerdo lógico que no estábamos preparados para escuchar?

Los sentimientos parciales en las relaciones, como en este ejemplo, pueden dar lugar a ideas preconcebidas que son perjudiciales y a menudo socavan nuestra relación, si no la propia relación. Pueden hacer que escuchemos lo que esperamos oír en lugar de entender lo que la otra persona realmente quiso decir o articular. En consecuencia, si experimentamos un sentimiento parcial, debemos prestar atención. Escúchalo. Examina los indicios y pistas que nos han llamado la atención. Pero debemos actuar como un detective, uno real, no un personaje de televisión, al hacerlo. No podemos actuar sólo por una corazonada, sino que debemos hacer un seguimiento, reunir información concreta.

Las corazonadas a menudo se derivan del reconocimiento de patrones, lo que merece atención, pero no se puede confiar en estas sensaciones parciales sin un examen más profundo. Tenlo en cuenta mientras navegas por esta sección del cuaderno de trabajo.

¿Qué pasará si analizo los elementos que he evitado en la vida?

Cuando me enojo, ¿qué pasaría si esperara
algún tiempo antes de responder?

Si doy un paso atrás y miro, luego pruebo mi
observación, ¿qué encontraría?

¿Cómo puedo probar mi opinión antes de confiar en ella?

A pesar de lo peor que la gente puede hacer o ha hecho,
¿puedo verlos, y sus acciones, sin emoción?

¿Dónde he puesto pensamientos negativos encima de los pensamientos negativos además de mis problemas?

Cuando las cosas importantes no van del todo bien, ¿tengo
un plan de respaldo? ¿Tengo una forma de salir?

¿Qué emociones me llevan continuamente a una conclusión errante?

¿Las acciones que llevo a cabo se basarán
en emociones nubladas o claras?

¿Las noticias inquietantes son inquietantes por sus verdaderos elementos o por mi reacción ante las noticias?

Demasiada actitud
egocéntrica, trae el
aislamiento. Resultado:
soledad, miedo, enojo.
La actitud egocéntrica
extrema es la fuente
del sufrimiento.

Dalai Lama

4.

Piensa poco en ti y mucho en el MUNDO

Este cuarto principio es un precepto fascinante, ya que parece contradictorio. La historia indica que Musashi tenía en alta estima sus propios logros, asegurándose de que todo el mundo los conociera a través de sus escritos. Debió de haber muchos estrategas brillantes y tácticos excepcionales en su época, pero la mayoría de sus nombres se han perdido en la antigüedad. Sabemos de las hazañas de Musashi en gran parte por la forma en que las dio a conocer.

Así pues, esta dicotomía nos lleva a preguntarnos cómo equilibrar este principio con el resto de la autopromoción un tanto descarada del Santo de la Espada. La respuesta se encuentra comprendiendo el contexto en el que se escribió el precepto. En este caso, el marco que da sentido a la forma de pensar de Musashi era el sistema de castas del Japón feudal.

En aquella época existía un sistema de cuatro niveles para la mayoría de la población, con los samuráis (la clase guerrera hereditaria, literalmente "los que sirven") en la cima, seguidos de los agricultores, los artesanos y los comerciantes. Por encima de los samuráis estaba la nobleza (técnicamente también de clase samurái), como el emperador, el shogun (jefe militar o gobernante militar) y los daimyo (señores territoriales, literalmente "grandes terratenientes"), junto con diversas figuras religiosas como los sacerdotes sintoístas o budistas. También había los eta ("impuros") que vivían por debajo de ese sistema de castas, mendigos y personas que realizaban trabajos desagradables como verdugos, trabajadores de mataderos, barrenderos, carniceros, curtidores, y prostitutas.

Podemos interpretar lo que Musashi nos dice aquí considerando que cuando nos centramos en el mundo y no en nosotros mismos, nos orientamos adecuadamente. Esto enmarca cómo interactuamos con los que nos rodean. De este modo, entendía su lugar dentro de la jerarquía de su tiempo, no de forma despectiva, sino de manera que comprendía claramente tanto sus privilegios como sus responsabilidades en función de las normas sociales con las que operaba. Este es el contexto importante, su posición implícita dentro del marco feudal. A partir de ahí pudo equilibrar su papel con su tiempo y espacio.

Piénsalo de esta forma, si necesitáramos contratar a un cirujano para realizar una operación que nos salvara la vida, no nos consolaría un médico que dijera: "Bueno, soy el mil cincuenta y siete mejor cirujano cardíaco de este estado". Nos queda claro que no querríamos a alguien con los conocimientos, las habilidades y la capacidad necesarios para hacer el trabajo, que sepa que es el mejor y que crea que es el mejor.

En un contexto más amplio, la tierra tiene unos cuatro mil millones de años de antigüedad. Los humanos, como raza, tienen unos dos millones de años. Así que, según el entendimiento científico actual, la tierra es más antigua que los humanos que la habitan. Esto significa que la naturaleza es enorme mientras somos pequeños. Los terremotos, los tsunamis, las plagas y las sequías forman parte de la naturaleza. Al igual que los impresionantes amaneceres y nieves delicadas.

Podemos concluir con seguridad que este precepto no consiste en esforzarse por convertirse en una especie de monje humilde, caminando con la cabeza baja. No, para nada. Este precepto trata de entender nuestro lugar, cómo encajamos en la construcción social más amplia, así como en nuestro lugar dentro de la naturaleza y en el universo.

A medida que empiezas esta parte del cuaderno de trabajo, verás que el enfoque se centra en la perspectiva y el papel. Trata de cómo todo esto encaja. Este análisis ilumina cómo te ves dentro de tu estrato, así como dónde descubres tu lugar dentro de diferentes grupos, organizaciones, relaciones y experiencias.

¿Qué aspecto tendría mi mundo si tomo tiempo antes de cada decisión?

¿Necesito tener una opinión sobre un problema o una acción?
¿Qué pasaría si no tuviera una opinión?

¿Qué comparación intrascendente estoy permitiendo
que mi mente se sienta nublada?

¿Qué medidas simples puedo tomar para
descartar estos pensamientos nubosos?

¿Qué poder me quitan?

¿Qué es lo bueno que puedo conseguir hoy de mí mismo
que me haga avanzar hacia mi(s) objetivo(s)?

Buscar elogios es un trabajo duro, y los resultados son efímeros. ¿En qué parte de la vida buscas elogios?

¿Mis opiniones son parte del problema?

¿Cómo me han causado dolor mis juicios rápidos?

Si me centro en algo más grande que yo, ¿soy lo
suficientemente fuerte como para no perderme?

¿Cómo puedo ser lo mejor que puedo ser, solo por este momento?
¿Cómo puedo hacerlo en el próximo momento? ¿Cómo
puedo ser lo mejor que puedo ser un momento a la vez?

¿Tengo envidia por las habilidades de otras personas o
puedo concentrarme hacia adentro, profundizar y explorar
aquellas cosas en las que soy realmente bueno?

Obtén una visión profunda de tu sentido del yo realizando el la Prueba de Personalidad Narcisista de PsychCentral. Te llevará cinco minutos en completar el cuestionario.

https://psychcentral.com/quizzes/narcissistic-personality-quiz/

El comportamiento
humano proviene de tres
fuentes principales: deseo,
emoción y conocimiento.

Plato

5.

Despréndete del DESEO durante toda tu VIDA

El deseo es un motor. Ha influido en el comportamiento de hombres y mujeres desde antes de que se tuviera constancia de ello. Puede que conozcas la historia de Helena de Troya, que al parecer era la mujer más bella del mundo antiguo. Cuando fue secuestrada, estalló la guerra para recuperarla. Podemos leer sobre la Guerra de Troya, que duró 10 años, en el poema épico "La Ilíada", escrito por el poeta griego Homero (800 a.C. - 701 a.C.). Del mismo modo, Romeo y Julieta, una de las obras más grandes de la literatura escrita por William Shakespeare (1564 – 1616) terminó trágicamente. Aquí tenemos ejemplos de guerra y suicidio, ambos derivados del deseo.

Podemos pensar que el deseo es un perro salvaje con correa. Quítale la correa y el perro enloquece. Corre hacia el patio del vecino. El perro del deseo se mete en la basura, abriendo cosas, derramándolas y esparciéndolas por todas partes. Mata a los gatos y a las ardillas, persigue a los coches, muerde al cartero y le joroba la pierna a la vecina. En otras palabras, el perro del deseo crea estragos.

El desapego, en cambio, consiste en no poseer ese perro. Si no hay correa, no hay perro. Ni siquiera hay nada… De este modo, podemos vivir realmente el momento, un rasgo admirable para un guerrero cuyo aliento puede ser fácilmente el último, pero meritorio para cualquiera que aspire a ello. En este sentido, se puede dejar el deseo de un lado junto con el miedo, la desesperanza y el arrepentimiento.

Verás, tanto los pequeños como los grandes deseos son, no obstante, deseos. Algunas pueden contenerse como pequeñas hogueras dentro de un anillo de rocas, mientras que otras, si no se controlan, se convierten en tormentas de fuego que consumen todo a su paso. Extinguir un incendio forestal, aunque sea figurado, puede ser desalentador, por lo que la sugerencia al entrar en esta sección del cuaderno de trabajo es comenzar con algo pequeño. Comienza con cosas menores que podrían encontrarse, administrarse o erradicarse con relativa facilidad. Enfócate en los pequeños fuegos, aquellos que podrás pagar fácilmente.

Las victorias fáciles crean un proceso para lograr la victoria que, a su vez, conduce a más y más éxito. Habitualmente, esto crea una espiral ascendente. Como resultado, los desafíos difíciles parecen ser cada vez más manejables. Esta fórmula no es nueva, pero es bueno repetirla aquí porque funciona muy bien. Esta metodología de mejora continua, que aprovecha las pequeñas victorias para producir otras mayores, debería ser tu mentalidad a medida que completas esta sección del cuaderno de trabajo.

Si creo que no tengo opciones,
¿cuál es el resultado y cómo debo actuar?

¿Qué o cuál de mis deseos me hace la vida más difícil?

¿Qué puedo dejar de desear? ¿Qué tan difícil sería?

¿Qué puedo reconocer que está fuera de mi control
y cómo puedo dejar de intentar controlarlo?

¿Cuál es la verdadera causa de mi intento de imitar?
¿Resulta útil esa imitación?

Si dejara de querer, ¿perdería realmente algún poder?

Puede que no quiera ser gobernado por el propósito, sino por la razón. ¿Puedo identificar dónde pierdo mi propósito y mi razón?

Si la ira no cambia las cosas, ¿por qué me dejo llevar por la ira?

¿Cuántas veces la ira ha causado más daño
que el evento que liberó la ira?

¿Qué emoción o reacción irracionales hay que apagar en este momento?

¿Ha sido este mundo tan amable contigo como para que te vayas arrepentido? Hay cosas mejores por delante que las que dejamos atrás.

C. S. Lewis

6.

No te arrepientas de lo que has hecho

Este precepto aborda un problema enorme para muchas personas en la actualidad. Culturalmente, la culpa es un gran motivador. La mayoría de nosotros lo llevamos en algún grado u otro y crea un peso negativo en nuestra psique si no en nuestra alma. Lo que Musashi no dice aquí es que deberíamos actuar como un mariscal de campo de la NFL que acaba de lanzar una intercepción durante el primer cuarto de un partido de los playoffs; los perdedores siguen repitiendo ese error en su cabeza mientras que los ganadores dejan a un lado ese momento y siguen adelante. En otras palabras, debemos esforzarnos por aprender del pasado, planificar el futuro, pero vivir en el presente.

Recordar el pasado y aprender de las acciones de uno está bien. Los arrepentimientos pueden formar parte del proceso de curación. Nos pueden ayudar a crecer. Pero, lamentar las acciones pasadas, habitar en el pasado, no fue un principio en el mundo de Musashi. Y también debería ser así en el nuestro. Después de todo, no podemos cambiar el pasado sin importar cuánto nos preocupa lo que hayamos hecho.

Uno de los remordimientos que muchos de nosotros arrastramos está tipificado en una conversación que los hijos adultos suelen tener con sus padres. El progenitor expresa su remordimiento por lo que pudo haber hecho, o debería haber hecho, al criar a sus hijos. El niño suele comentar: "Los niños no vienen con un manual de instrucciones, así que ¿cómo ibas a saberlo?".

El reto en este escenario es que había libros sobre cómo criar a hijos entonces, al igual que existen libros sobre ese tema ahora. Si bien es cierto que el arte y la ciencia de la criar hijos progresan con el tiempo, siempre ha habido recursos disponibles para quienes los buscaban. Los cursos, el asesoramiento y el coaching, todas las herramientas necesarias están ahí en alguna parte, así que la verdadera cuestión es encontrarlas y aplicarlas. Sea cual sea nuestra falla, podría haberse moderado, si no evitado directamente, si nos hubiéramos preparado adecuadamente para el reto con antelación, un principio que debería aplicarse a los esfuerzos futuros, pero que no puede cambiar el pasado.

Revisa nuevamente el período Azuchi-Momoyama del Japón feudal. Fue un momento horriblemente violento en el que la unificación política se formó a punta de una espada, pero Musashi y otros de su clase vivían por un código moral que les ayudó a navegar por ese caos. Su código aseguraba que conocían su lugar en la sociedad y que podían discernir lo correcto y lo incorrecto. Eso significa que Musashi no estaba sugiriendo de ninguna manera con este precepto que debíamos alejarnos riendo de nuestras transgresiones como un sociópata, sino más bien que no debíamos enfrascarnos en el pasado en detrimento nuestro. En otras palabras, debemos vivir y aprender, seguir avanzando sin arrepentimientos que nos frenen.

Todos debemos esforzarnos por tomar las mejores decisiones posibles con la información que tenemos en el momento de cada decisión que tomamos. Cuanto más importante sea la decisión, más se debe pensar y analizar para tomarla, como señalamos con el ejemplo de la paternidad. Esta política de hacer lo que sabemos es correcto, de elegir sabiamente, evita la tendencia a crear arrepentimientos en primer lugar. Tenlo en cuenta a medida que avanzas en esta sección del cuaderno de ejercicios.

Al observar el flujo de la vida, ¿qué lecciones
puedo encontrar en mis acciones?

¿Tengo la capacidad de ser flexible? ¿Quizá cambiar de opinión?

¿Puedo escuchar el mensaje subyacente de lo que se dice?

Si oigo el mensaje subyacente, ¿puedo ser lo suficientemente adaptable
para cambiar de opinión cuando sea ventajoso o necesario?

¿Dónde he dejado de ver el panorama general y me
he centrado en lo pequeño y pasajero?

¿Cómo puedo escuchar el mensaje subyacente de lo que se dice?

¿Estoy centrado y bien enfocado en la tarea que
tengo entre manos con una mente fuerte?

¿Cuántas veces me he puesto limitaciones que son
la tiranía de la mente y no son razonables?

Trabajo

Relaciones

¿Qué aspecto tendría mi mundo si me centrara
completamente en el momento, ¿el ahora?

Preocuparse por el pasado no tiene sentido.
¿Con qué frecuencia visito el pasado y me revuelco emocionalmente?

¿Estoy preparado para liderar donde pueda?
De no estarlo, ¿cuál es mi razón, o peor aún, mi excusa?

¿Estoy realmente dispuesto a seguir cuando sea apropiado?
Si no estoy listo para liderar o seguir, ¿cuál es mi excusa?

Si no soy el más tranquilo en una situación, ¿qué puedo hacer para convertirme en esa persona?

¿Cómo se sienten los actos de calma internamente?

¿Qué aspecto tienen los actos de calma externamente, para otros?

¿Qué aspecto tendría mi mundo si me centro enteramente en el presente?

Los celos... son un
cáncer mental.

B. C. Forbes

7.

Nunca seas
celoso

Los celos suelen estar relacionados con la lujuria, el amor o la envidia. Codiciamos lo que otros tienen y nosotros no, de ahí el modismo "Seguir los pasos del vecino". Esta expresión se refiere a compararnos con nuestros vecinos como un punto de referencia del estatus relativo. Normalmente se trata de la acumulación de bienes materiales como coches, barcos o vehículos de recreo, pero también puede referirse al atractivo físico de nuestro cónyuge o pareja. En otras palabras, no seguir los pasos del vecino implica inferioridad socioeconómica o cultural.

La envidia se parece mucho a una droga. No es una emoción aislada, sino una vía, un camino hacia otras emociones. Por ejemplo, los celos pueden dar lugar a sentimientos de ira, aversión o depresión y, en última instancia, manifestarse en forma de violencia. La inseguridad y la impotencia también pueden derivarse de la emoción raíz de los celos. También se ha relacionado con la baja autoestima, el aumento de las hormonas del estrés en el cuerpo y un mayor riesgo de enfermedad de Alzheimer en las mujeres.

Los que tenemos celos percibimos alguna carencia en lo más profundo de nosotros mismos. Tenemos un enfoque miope, basado en el exterior, con el que nos comparamos con alguna medida que aún no hemos alcanzado o, en algunos casos, que nunca podremos alcanzar. La motivación extrínseca se refiere a tomar medidas no por su propia gratificación o desafío inherentes, sino por un resultado separable, como recibir recompensas o evitar el castigo. En consecuencia, los individuos motivados extrínsecamente pueden ser fácilmente víctimas de las opiniones de los demás, azotados por sentimientos distintos a los suyos.

Parece que Musashi nunca se dedicó a tener celos, al menos no en lo que podemos encontrar en el registro histórico que dejó. Sabemos con certeza que estaba intrínsecamente motivado, singularmente centrado, y que tenía ganas de triunfar. Hizo lo que quería, tomando decisiones y tomando medidas porque promovieron su causa. Sus inusuales hábitos de aseo, su estrategia poco convencional y su estilo único de dos espadas demostraban que le importaba muy poco lo que los demás pensaran de él, a pesar de vivir en una época en la que las costumbres y convenciones sociales tenían un enorme peso sobre la mayoría de la población.

Es evidente que Miyamoto Musashi era un individuo singular. Se mantuvo centrado en sus objetivos, dirigió su energía hacia el auto avance, sabía cómo dejar pasar el pasado y nunca se desvió de su camino hacia el éxito. Si Musashi hubiera sucumbido a los celos, es muy posible que hoy no sepamos nada de él. Podría haber sido solo otro cuerpo en el campo de batalla, una muerte sin lamentar como miles de sus hermanos. O, podría haberse convertido en una historia cautelar de mal comportamiento y malas elecciones.

A medida que trabajas en la sección del cuaderno de trabajo, debes buscar sin piedad celosa en tu propia vida y ponerle una espada (proverbial) en su vientre. Tu tarea es eliminar tus celos. Darles bienvenida al desafío.

¿Cómo puedo estar celoso, aunque sea en lo más mínimo?

¿Cuál es el tono de mi visión del mundo?

¿He escuchado las conversaciones internas correctas?

¿Audito mis ideas regularmente?

¿Qué emoción (s) me mantiene prisionero?

1

2

3

¿Puedo nombrar una decisión falsa que he tomado?

¿Actúo de forma virtuosa o de otra manera?
¿Sí____ o No____?
De actuar de forma distinta a la virtuosa,
¿cuál es mi razón para actuar de esta manera?

¿Está racionalizada mi elección?
¿Justifico mi acción no virtuosa a través de una danza del pensamiento?

La tristeza no es más que
un muro entre dos jardines.

Khalil Gibran

8.

Nunca te dejes entristecer por la separación

Nunca te dejes entristecer por la separación. La tristeza engaña los sentidos. Silencia los colores vibrantes del mundo, transformando todo en tonos grises opacos. Sin control, la tristeza se convierte en el elemento emocional dominante y generalizado de nuestras vidas. Puede provocar obsesión, depresión o desesperación, lo que inhibe nuestra capacidad de funcionar de forma competente (o, en algunos casos, funcionar en absoluto).

Todos hemos conocido a personas que se entristecieron por la separación, eso es perfectamente normal, pero solo hasta cierto punto. La tristeza generalizada y abrumadora es disfuncional. La gente consumida por la tristeza se lamenta. Se vuelven desagradables, resulta difícil estar cerca o interactuar con ellos durante un tiempo. No pueden gestionar sus relaciones, disfrutar del mundo que les rodea ni realizar sus trabajos de manera satisfactoria. De hecho, parecen tener un solo enfoque en la vida, la separación que han sufrido y esto domina todo lo demás.

La tristeza es real. Musashi no lo llamó una mentira ni una ilusión. Sin embargo, lo que sí afirmó categóricamente es que estar triste como resultado de estar desconectado de algo debe ser algo imposible. Es importante señalar que no fue específico sobre la causa de tales separaciones. La tristeza es tristeza. La pérdida de un amor, la familia, el trabajo, la escuela o el hogar podrían incluirse en su declaración. En este nivel global, el precepto de Musashi podría ser difícil de aceptar. Después de todo, ¿quién no se entristecería por la muerte de un niño, la ruptura de una relación, la pérdida de una posesión preciada o algún tipo de separación forzada significativa?

Sin embargo, en la mente de Musashi un guerrero no podía permitirse el lujo de disfrutar de la tristeza. Cualquiera que haya servido en las fuerzas armadas, o incluso haya visto una película bélica bien escrita, como Salvar al soldado Ryan o Lone Survivor, conoce la historia prototípica de la pérdida en combate. Los soldados reconocen su duelo en el momento oportuno pero nunca pierden de vista su misión. Hay un momento de solemnidad, de tristeza, pero no se insiste en ello mientras el encargo queda incompleto.

Sabemos que el párrafo anterior era una visión general simplista que carece de matices... No podemos esperar acercarnos a hacer justicia al proceso de duelo con estas pocas palabras y probablemente insuficientes, pero esperamos que el concepto siga siendo claro. La conclusión es que la tristeza no puede interferir con nuestra capacidad de funcionar. Si lo hace, debemos erradicarlo, aunque eso signifique buscar ayuda profesional porque no podemos o no lo haremos nosotros mismos.

Al adentrarte a esta sección sé consciente de dónde la separación en tu vida está empezando a girar, o ha girado, hacia la tristeza. Posteriormente considera cómo has lidiado con ello.

¿Cuido mi tiempo? ¿Cómo?

¿Le presto atención a la tristeza?

Sí ____ No ____

¿Cómo puedo vencer la tristeza antes de que me derrote?

¿La tristeza que necesito vencer está dentro de mí?

¿Qué dicen de mí el tener lo que tengo y el desear lo que deseo?

¿Mi sensación de separación nubosa mi oportunidad?

¿Qué valoro más?

Hay momentos en la vida en que, en lugar de quejarse, habrá que hacer algo con respecto a tus quejas.

Rita Dove

9.

El resentimiento y la queja no son apropiados para uno mismo ni para otros

Abordemos este precepto en orden inverso, empezando por la queja y pasando por el resentimiento: Si oímos a alguien quejarse, puede que no se dé cuenta, pero nos está dando una ventana a su mente. Obtenemos información. Nos muestra cuáles son sus debilidades. En otras palabras, nos están diciendo lo que les está pasando en la mente y señalan exactamente qué les ha provocado. Si estuviéramos tan inclinados, esta revelación los ha preparado para que explotemos sus vulnerabilidades en el futuro.

Por el contrario, si alguien más está atento mientras nos quejamos, también les hemos dado esta misma percepción. Les estamos abriendo nuestras mentes para que los potenciales adversarios hurguen en ellas. Esto no significa que las discusiones de mejora de procesos sobre el trabajo o las conversaciones personales sobre los acontecimientos de la vida sean inapropiados. Estas cosas pueden resultar beneficiosas. La diferencia es que la queja es una forma de malhumorarse, es una forma de desahogar nuestra ira sin intentar llegar a una conclusión o resolución. Si tratamos de resolver un problema, eso es bueno. Si simplemente nos quejamos, eso es malo.

Desgraciadamente, la queja se convierte a menudo en un juego de ventaja, de llevar la cuenta. Mi mal día fue peor que tu mal día... sin embargo, estos juegos son una inversión en la disfunción, un recuento de nada. Puede que nos hagan sentir bien por un momento, pero en última instancia quejarse no hace nada para resolver nuestros problemas o abordar nuestros problemas de forma significativa. Y parecemos tontos por participar en tanta locura.

De hecho, quejarse a menudo proviene del resentimiento, generalmente considerado como una mezcla cáustica de decepción, asco, ira y miedo, razón por la cual Musashi trata estos dos temas juntos aquí. El resentimiento lleva a la queja, lo que a su vez hace que quienes nos rodean sepan cómo apretar nuestros proverbiales botones y dirigirnos por nuestras emociones. Obviamente esa no es una buena dinámica en ningún sentido, por lo tanto es algo que debemos aprender a superar.

En la película de 1999, *Por amor al juego,* Kevin Costner (1955 —) retrató a un veterano lanzador al final de su carrera que intentaba demostrarse a sí mismo y a otros que todavía tenía lo necesario para jugar béisbol en los niveles más altos. Hay una escena crucial en la película en la que está de pie en el montículo pero se distrae con los sonidos del estadio, los aficionados, los jugadores del equipo contrario, los vendedores y demás, pero se dice a sí mismo: "Despejen el mecanismo". De repente, no oye nada, por lo que es capaz de poner toda su atención en el lugar que corresponde. Era su forma de eliminar las distracciones y reenfocar su atención en lo que era importante sin resentimiento y sin quejas. Esta escena, aunque escrita para Hollywood, es un buen ejemplo del precepto de Musashi en su aplicación práctica. Los atletas reales en juegos reales actúan de forma similar; los que juegan al más alto nivel son universalmente capaces de ignorar el caos y centrarse en lo que es significativo.

Ten en cuenta que este principio tiene dos aspectos: el observacional y el interno. Situando estos dos elementos en ese contexto, considera lo que estás descubriendo de los demás y lo que estás revelando de ti mismo a través del resentimiento y la queja. A medida que recorres esta sección del cuaderno de trabajo, ten en cuenta las advertencias de Musashi y considera cómo puedes vivir mejor el momento, concentrándote en lo que es importante aquí y ahora mientras eliminas lo que es irrelevante.

¿Me lastiman incluso las cosas más pequeñas?
Explica brevemente por qué te lastima.

¿La ira impulsa alguna parte de mi vida?

¿Qué resultado ha surgido de las veces que me he quejado
o albergado resentimiento? Nombra una ocasión.

Si dejara de resentirme y quejarme, ¿cómo sería mi mundo?

El amor comienza con
una imagen; la lujuria
con una sensación.

Mason Cooley

10.

No te dejes guiar por los sentimientos de lujuria o amor

El amor es una emoción universal y biológica, pero Musashi advierte contra dejarnos guiar por los sentimientos de lujuria o amor. ¿Y qué de ello? Bueno, para averiguarlo debemos determinar qué significan estos dos conceptos, la lujuria y el amor... Por ejemplo, los antiguos griegos codificaron ocho formas diferentes de amor, *eros* (romántico/apasionado), *philia* (afectuoso), *ágape* (desinteresado/universal), *storge* (familiar), *manía* (obsesiva), *ludus* (juguetona) y *philautia* (amor propio). Otras culturas hacen clasificaciones similares, como conceptos de deseo sexual o atracción física, afecto entre amigos, vínculos familiares, amor a una deidad o panteón, etc.

De estos dos, la lujuria y el amor, la lujuria es irracional y consumidora. Una persona involucrada en la lujuria se pierde en la emoción. De hecho, a menudo hay una sublimación completa de la persona dentro de la emoción, pérdida del proceso de pensamiento, control y dirección. Todo está guiado por esta lujuria. La lujuria arde como un fuego de cepillo; se propaga rápidamente y se queda sin combustible rápidamente. El fuego se calienta, se desenvuelve y se consume a sí mismo. Es un lugar precario para vivir.

Cuando Musashi dice que no debemos guiarnos por sentimientos de lujuria, es una advertencia fácil de entender pero algo más difícil de obedecer. Por otro lado, cuando Musashi afirma que no debemos guiarnos por un amor que sea más difícil de comprender. Verás, nos enseñan que el amor es algo bueno. Es algo que hay que desear, incluso admirarlo. También se nos enseña que, debido a la ausencia de amor, surge la brutalidad. La brutalidad que se apresura para llenar el vacío en el que el amor está ausente es un fenómeno que se puede señalar una y otra vez a lo largo de la historia.

Por ejemplo, si nos desenamoramos de otra persona, a menudo procedemos a la "otredad". La otredad es un fenómeno en el que se define a ciertos individuos o grupos como no aptos dentro de las normas de nuestro grupo social. Es un efecto que influye en la forma en que las personas perciben y tratan a los que forman parte del "grupo interno" frente a los que se consideran parte del "grupo externo". Los divorcios conflictivos ilustran eficazmente esta noción: el ex cónyuge y sus allegados ven repentinamente a la pareja separada bajo una luz diferente, independientemente de que ese juicio esté justificado por sus acciones en la ruptura.

Cuando la otredad tiene éxito, los miembros del grupo externo se ven como villanos, se les considera menos, se les trata peor, se les rechaza o incluso se les agrede violentamente. Prácticamente cualquier comportamiento que se tome contra ese grupo o individuo condenado al ostracismo puede justificarse en la mente de las personas que hicieron lo otro. Un ejemplo de la época de Musashi eran los *burakumin* ("gente de la aldea"), intocables que vivían como parias por debajo del sistema de castas feudales de cuatro niveles en el Japón feudal.

Originalmente, los *burakumin* eran simplemente individuos empobrecidos que pedían limosna o aceptaban ocupaciones bajas o tabúes, pero durante el shogunato Tokugawa

(1603 - 1867) los *burakumin* fueron segregados oficialmente en comunidades separadas en las que no se les permitía casarse por encima de su posición o aceptar un empleo en ocupaciones que no fueran burakumin. Aunque se reintegraron oficialmente en la sociedad durante la Restauración Meiji (1868 - 1912), las comunidades de *burakumin* siguen existiendo hoy en día en Japón, donde un registro de esta designación en el linaje familiar conlleva un estigma social.

Esta doble sección es fácil y difícil. Es fácil ver cómo no debemos guiarnos por la lujuria. No dejarse guiar por el amor, por otro lado, es un edicto difícil. Esto requiere reconciliación. Debemos entender cómo experimentamos el amor, cuándo puede ser beneficioso y en qué condiciones puede ser un obstáculo. Considera esto a medida que avanzas con este cuaderno trabajo.

¿Cuándo me han servido bien el explotar de emoción?

¿Puedo enumerar un ejemplo del mundo real en el que si hubiera controlado mis emociones, los resultados habrían sido mejores?

¿Cómo puedo ajustar mi vida para medir esas emociones de lujuria?
¿Qué acción atemperará mi emoción?

¿Qué puedo hacer para preservar mi serenidad
y sacar el drama de mi vida?

Cuando tomo mis decisiones, ¿estoy dispuesto, no sólo a aceptar, sino a apoyarme en los resultados, sean los que sean?

¿Cuántos estados del ser puedo nombrar que
sean mejores que vivir en el drama?

¿Cuál de estos estados es el mejor que experimente?

¿Cuál es el segundo mejor?

No tengo una película
favorita, tengo entre
25 y 30 favoritas.

Jeff Bridges

11.

No tengas preferencias en todo lo que hay

Entremos en este precepto utilizando el tema de la comida. No hace mucho tiempo, los humanos comían según las cuatro estaciones. Los alimentos frescos se consumían siempre que podían obtenerse, pero las provisiones podían conservarse mediante la deshidratación, como el almacenamiento del pescado, las carnes y las frutas bajo el sol mientras se secaban, mediante el curado con sal, el enfriamiento en sótanos de raíces, la congelación en nieve o hielo, el encurtido con vinagre o alcohol, el enlatado, la fermentación o el enterramiento en barro alcalino, cenizas o similares. Sin tecnologías modernas para preservar, almacenar o distribuir alimentos de forma omnipresente, la mayoría de la gente comía todo lo que estaba disponible localmente en temporada para sobrevivir.

Las celebraciones de la cosecha que tenían lugar en otoño reconocían la abundancia de alimentos y el fin de la fase anual de trabajo duro que los ponía a disposición de la población. Después, durante el invierno, la gente subsistía principalmente en los alimentos conservados y la caza o la pesca siempre que era posible. A principios de la primavera, la calidad y la variedad de lo que estaba disponible había disminuido significativamente, a menudo poco apetecible, pero consumido de todos modos porque no había otra opción. Musashi habla desde esta época, cuando a pesar de ser miembro de la clase samurái de élite, tenía muchas, mucho menos opciones en su comida que la que tenemos hoy en día.

Lo mismo ocurre con otros aspectos de nuestra vida, como el entretenimiento. No se trata de lo que se da, sino de lo que está disponible. Ya no tenemos que esperar a que un bardo o un circo ambulante pase por la ciudad para entretenernos. El crecimiento exponencial de los medios y la proliferación de canales han cambiado los comportamientos de visualización. El desafío es que, con tantas opciones, a menudo creemos que debemos ser exigentes, incluso con el riesgo de perdernos experiencias valiosas de las que nunca aprendemos.

En la escuela nos enseñan a menudo que sólo hay una respuesta correcta, una forma adecuada de resolver un problema o una ecuación, pero en la vida cotidiana nos damos cuenta de que rara vez es así. Puede haber algunas respuestas mejores que otras, algunas soluciones más o menos innovadoras que otras, pero por lo general hay más de una elección correcta. De hecho, si nos aferramos firmemente a nuestras preferencias sin examinar otras opciones, estamos virtualmente garantizados que perderemos la elección que mejor se adapte a nuestras necesidades. Nos encerramos en la respuesta que conocemos, independientemente de si es o no correcta. Estos son algunos ejemplos famosos de esta dinámica:

En 1889, el inventor estadounidense Thomas Edison (1847 - 1931) dijo: "Jugar con la corriente alterna es una pérdida de tiempo. Nadie lo usará, nunca". ¡Muy equivocado! Hoy en día, casi todos los hogares del mundo funcionan con corriente alterna, lo que nos permite disfrutar de frigoríficos, lavavajillas, aire acondicionado, televisores, computadoras, etc.

En 1899 Charles H. Duell (1850 – 1920), director de la Oficina de Patentes de Estados Unidos, declaró categóricamente: "Todo lo que se puede inventar ya se ha inventado". Obviamente, se equivocó. Se equivocó gravemente. No predijo avances como antibióticos, películas, teléfonos celulares, lentes de contacto, computadoras, Internet y aviones a reacción, por nombrar algunos.

En 1943, el CEO de IBM, Thomas Watson (1874 - 1956), dijo: "Creo que hay un mercado mundial para unas cinco computadoras". ¡Se equivocó gravemente! Ni siquiera se acerca... Sólo subestimó esa previsión en unos 4.100 millones.

En 1946, el ejecutivo de los estudios de 20th Century Fox, Darryl F. Zanuck (1902 - 1979), proclamó con audacia: "La televisión no podrá retener ningún mercado que capte después de los primeros seis meses. La gente pronto se cansará de mirar una caja de madera contrachapada cada noche". Fue un error; aunque la audiencia ha disminuido en la última década, el estadounidense medio sigue viendo algo más de cuatro horas de televisión al día.

Los ejemplos de este punto son legión, por lo que no insistiremos en ellos. Algunos pueden tomar el precepto de no tener preferencias como una forma de austeridad. Sin embargo, no debería verse así. La austeridad por el bien de la austeridad es un afecto. En cambio considera la idea de estar abiertos a nuevas oportunidades y experiencias sin estar demasiado anclados en nuestras costumbres.

Puede que no sea posible no tener literalmente ninguna preferencia, pero el objetivo de reducir al máximo las preferencias es alcanzable. Cuanto más abiertos estemos a las posibilidades en todos los aspectos de nuestra vida, podemos crear más oportunidades. Tenlo en cuenta al completar esta sección del cuaderno de trabajo.

¿Estoy contento con mi lugar en la vida?
¿Cómo puedo disfrutar de lo que me trae la vida?

¿Me centro en los errores de otras personas?
¿Cómo puedo observar simplemente?

¿Qué métodos puedo utilizar para separar lo
importante de lo que no importa?

¿Los métodos que acabo de enumerar son emocionales
o basados en hechos? ¿Cuál me sirve mejor?

¿Estoy satisfecho con no tener ningún esfuerzo de opinión sobre cosas que no importan en el panorama general de la vida?

¿Es necesario elegir un bando en cada tema?
¿Qué pasaría si dejo pasar algunas cosas?

¿Qué tipo de práctica mental me traerá calma y concentración?
Se específico.

De todas las cosas del mundo, ¿qué es lo que realmente poseo?

¿Puedo lidiar con lo que me arroja la vida?
¿Cómo lo he hecho en el pasado?

Esta vida tiene un papel para mí.
¿De qué manera lo estoy reconociendo o luchando contra ello?

Cada día es un viaje,
y el viaje en sí mismo
es el hogar.

Matsuo Basho

12.

Ser indiferente al lugar donde VIVAS

Aunque la movilidad social ha sido posible históricamente en ciertas sociedades, nunca ha sido tan fácil como lo es hoy en día con la tecnología moderna. Por ejemplo, en el año 2020 había aproximadamente 46,8 millones de millonarios en el mundo, el 67,7% de ellos lo hicieron por su cuenta. En cambio, en el Japón feudal el sistema de castas era hereditario. Si naciéramos en una familia de artesanos, nos convertíamos en artesanos al igual que nuestros hijos y los hijos de nuestros hijos.

En la época de Musashi, sólo un diez por ciento de la población había nacido samurái, y era extraordinariamente inusual que alguien de una clase inferior ascendiera a un rango superior, y mucho menos a ese elevado estatus. Ese singular honor sólo podía ser otorgado por un miembro de la nobleza gobernante, como los daimyo (señores territoriales), o apropiarse de él por la fuerza de las armas, lo que era casi imposible para los campesinos sin formación. Curiosamente, los registros históricos muestran que cuatro gaijin (extranjeros) europeos obtuvieron el estatus de samurái, William Adams (1564 - 1620), cuyas hazañas inspiraron el Shogun de James Clavell, Eugene Collache (1847 - 1883), Jan Joosten van Lodensteijn (1556 - 1623) y Edward Schnell (1830 - 1911).

En cuanto a pasar de un lugar a otro, hoy tenemos muchas más opciones que en cualquier otro momento de la historia de la humanidad. Por ejemplo, un vuelo de 693 dólares de Nueva York a Singapur cubre 9,540 millas en algo menos de 18 horas, un viaje que habría sido inasequible para la mayoría, cargado de peligros, y que habría tardado más de un mes y medio en completarse hace un siglo. O si no queremos volar, podríamos comunicarnos casi instantáneamente de aquí a allá por teléfono móvil, audio conferencia o video llamada. La tecnología hace del mundo un lugar muy pequeño.

Sin embargo, en la época de Musashi, la mayoría de la gente nacía, vivía y moría en un radio de 25 millas. Por supuesto, había personas atípicas como los nómadas, los comerciantes y los pastores, pero los viajeros de aquella época eran valientes y notables. Cuando una persona salía de su pueblo natal, su regreso no estaba asegurado. Estos intrépidos exploradores se enfrentaron a tribus rivales, a nuevas enfermedades, a mares implacables y muchos retos de los que la mayoría de nosotros no tenemos que preocuparnos ahora.

Aunque Musashi nunca abandonó las islas, viajó extensamente por todo Japón en musha shugyō (peregrinaje guerrero), perfeccionando sus habilidades con duelos así como en el campo de batalla, luchando por una variedad de señores de la guerra y causas. Aunque nunca se comprometió a una vida de servicio a ningún daimyo en particular, luchó a menudo y sin descanso para hacer avanzar su leyenda. Cabe imaginar que era relativamente fácil para una persona que dormía una noche junto al campo, otra en una cueva y quizá otra en una posada o un castillo, ser indiferente al lugar donde vivía.

¿Debemos seguir su ejemplo? Se trata de una actitud interesante, ya que hay que señalar que durante todos sus viajes Musashi permaneció inmerso en la misma cultura y estación dondequiera que iba. No tenía la opción de viajar a un país extranjero solo para ver cómo era. Nació y murió como samurái, por lo que, si bien podía moverse en función de las oportunidades que se le presentaran para avanzar en su causa, no tenía la opción de cambiar de trabajo si le llegará a interesar algo más allá de la espada. Se trata de una circunstancia muy diferente a la que la mayoría de nosotros nos encontramos hoy en día.

Al igual que el precepto anterior de no tener preferencias, es importante tener una mentalidad abierta, pero nuestro mundo y sus opciones difieren significativamente de las de Musashi. Considera el crudo utilitarismo de sus palabras con el que medir y comparar. De este modo, puedes determinar cómo se ajusta este precepto a tus valores y qué debes hacer al respecto.

¿Cuáles de mis deseos son reales?

¿He construido un yo que es internamente fuerte?

¿Qué cosas son reales en la vida?

¿De qué manera puedo vivir una vida sana sin
importar la atmósfera, el entorno?

¿Qué causas de angustia puedo desconectar, eliminar de mi vida?

¿Qué puedo aprender del lugar en el que vivo ahora mismo?

Me pueden impresionar fácilmente. No necesito una fiesta elegante para ser feliz. Solo buenos amigos, buena comida y buenas risas. Soy feliz. Estoy satisfecha. Estoy contenta.

Maria Sharapova

13.

No persigas el sabor de la buena comida

Podemos ver un interesante corolario entre muchos de los preceptos de Musashi y los "Siete Pecados Capitales" de la tradición cristiana recopilados por San Gregorio Magno (540 - 604), el obispo de Roma que fundó el papado medieval. Estos pecados incluyen la Lujuria (tratada por Musashi en el precepto 10), la Gula (relacionada con la búsqueda de buena comida aquí en el precepto 13), la Avaricia, la Pereza, la Ira, la Envidia (tratada por Musashi en el precepto 7) y el Orgullo. Aunque no coinciden del todo, podemos ver una validación transcultural de muchas de sus ideas.

Este decimotercer precepto podría interpretarse como una advertencia contra comer alimentos de buen sabor, avisándonos de lo salado, de la grasa y del dulce, pero esta visión es incorrecta. La palabra clave aquí es "perseguir". Musashi nos dice que no intentemos captar el sabor, ni empleemos medidas extraordinarias para conseguir alimentos sabrosos, en lugar de consumir lo que esté disponible para satisfacer nuestras necesidades nutricionales. En su opinión, no fue un uso valioso de su tiempo, así como una inversión emocional desperdiciada. Si se considera desde este punto de vista, puede ser una advertencia útil.

Hoy nos enfrentamos a desafíos que Musashi nunca previó, como el estante de caramelos de impulso en el mostrador de compra de la tienda de comestibles. No se previó tal opulencia. Además, el marketing que casi nos asalta continuamente hoy es algo que nunca habría imaginado. El punto aquí es que este precepto es hoy más valioso en muchos sentidos que en la época de Musashi, ya que tenemos más opciones y tentaciones.

El placer abandona nuestros cuerpos rápidamente. Y en algunos casos, el placer fugaz puede ser perjudicial. Por ejemplo, los efectos eufóricos del consumo de heroína pueden salir del cuerpo, pero el daño al sistema vascular del usuario permanece. Un colapso del sistema vascular puede dejar a un drogadicto sin otra opción que inyectarse en una herida abierta, como relató una vez una enfermera de urgencias a los autores.

Muchas personas entienden que lo que consume su perro o gato está directamente relacionado con el bienestar de esa mascota, y por ello buscan marcas o mezclas aprobadas por los veterinarios, pero no establecen una correlación entre sus propios hábitos de consumo y la salud física o mental. Sin embargo, la ciencia médica demuestra que la búsqueda excesiva de alimentos buenos tiene graves efectos perjudiciales en el cuerpo de una persona. Incluso si comemos "sanamente", ingerir demasiadas calorías es problemático. La obesidad es grave porque está directamente relacionada con los malos resultados de salud mental y la reducción de la calidad de vida. También se asocia con diabetes, enfermedades cardíacas, accidentes cerebrovasculares y varios tipos de cáncer, las principales causas de muerte en todo el mundo.

Podemos ver la sabiduría de Musashi aquí. Podemos disfrutar de lo que se presenta con respecto a la buena comida, pero debemos tener precaución para evitar los excesos. El esfuerzo excesivo que se espera para acceder al sabor de la buena comida puede ser tan peligroso como indeseable. Considera esto al completar esta sección del cuaderno de trabajo. Examina tanto lo que comes como cuándo y por qué. ¿Estás alimentando tu cuerpo nutricionalmente o simplemente complaciendo tus gustos?

¿Cómo me sentiría si disminuyera mis propios deseos
cuando se trata de buena comida y bebida?

Si mis gustos alimentarios son sencillos, ¿qué pasaría si extendiera esa sencillez a otros ámbitos de mi vida?

¿Mis deseos están contrarrestando mis objetivos más grandes?

¿Le dices no a las cosas equivocadas y sí a las buenas elecciones?

¿Qué deseos puedo eliminar de mi día?

Si me quitara un deseo este día, ¿cuáles serían los resultados?

La riqueza no consiste
en tener grandes
posesiones, sino en tener
pocas necesidades.

Epicteto

14.

No te aferres a lo que ya no necesitas

Musashi viajaba ligero. Vivía ligero, y es una suposición razonable, aunque no esté bien documentada históricamente, que poseía poco más allá de lo que llevaba consigo. En sus últimos días vivió en una cueva, presumiblemente poco equipada, y regaló todas sus posesiones mundanas poco antes de su muerte.

Este comportamiento era coherente con su forma de vida. Claramente, era un hombre que no se aferraba a las posesiones que ya no creía necesitar. Sin embargo, este precepto se hace más factible cuando se desglosa en dos elementos: utilidad y sentimiento.

Cuando se mira a través de la utilidad, debemos preguntarnos: "¿Puedo usar esto?". "¿Me ayuda a cumplir mis objetivos tácticos o estratégicos?". Es un análisis bastante sencillo. Si tenemos una colección de objetos que no podemos utilizar, o que no hemos usado durante meses o años, podemos darlos fácilmente a amigos o vecinos que puedan encontrarlos valiosos, donarlos a organizaciones benéficas, venderlos o encontrar alguna otra manera adecuada de deshacernos de ellos.

El sentimiento, por otro lado, es más complejo. Aborda el apego emocional. Por ejemplo, Wilder tiene un bate de béisbol roto. Ese bate no tiene ningún propósito en cuanto a uso, no se puede usar para jugar. Podríamos pensar que un bate roto debe ir a la basura, pero el hecho de que una vez fuera propiedad de su tío y se utilizara en un partido hace sesenta y cinco años cambia la ecuación. Su valor radica en el recuerdo. ¿Es útil esa posesión, el bate? En realidad no, pero Wilder aún así lo conserva.

Aquí muestro dios ejemplos que ayudan a aclarar este precepto. Wilder conoció a un sacerdote jubilado que, al morir, había reducido todas sus posesiones mundanas (aparte de su ropa) para que cupieran en una sola caja. Este hombre había editado todo su mundo hasta esa caja grande. Al otro lado de la ecuación, Wilder también sabía de una mujer que era una acaparadora tan extrema que compró la casa adyacente a su residencia para que tuviera un lugar para almacenar más de sus pertenencias.

La mayoría de la gente no es ascética ni acaparadora, sino que se encuentra en un punto intermedio. El número "correcto" de posesiones para cualquier individuo es una elección personal, con base en la utilidad y el sentimiento de lo que hemos acumulado. Sin embargo, resulta útil hacer una evaluación de vez en cuando y evaluar cuál es nuestra posición. Muchas personas aprovechan su limpieza anual de primavera para este fin.

Al trabajar en esta sección, considera cuánto tiempo ha pasado desde que organizaste tu armario, limpiaste tu garaje o hiciste un inventario de lo que tienes guardado en tu habitación libre. ¿Acaso recuerdas todo lo que posees y sabe dónde se encuentra? ¿Te aferras a posesiones que ya no necesitas?

¿Valen realmente la pena los objetos y
posesiones que estoy persiguiendo?

¿Mis deseos coinciden con mi plan de vida o están en desacuerdo?

¿Qué cosas verdaderamente preciadas vendo o regalo?

¿Cómo estoy creando energía para mis buenos comportamientos?

¿Estoy dispuesto y soy capaz de hacer las cosas correctas
aunque no haya promesas de recompensas?

Las falsas amistades y las malas influencias no están alineadas con mi objetivo de vida.

¿Dónde están dañando y qué medidas puedo tomar para solucionarlo?

La vida es muy, muy
simple y fácil de entender,
pero la complicamos
con las creencias e
ideas que creamos.

Don Miguel Ruiz

15.

No actúes por SEGUIR creencias consuetudinarias

Este principio parece estar en desacuerdo con el código ético samurái, *bushido. Bushido,* que se traduce como "camino del guerrero", era un protocolo que regulaba las actitudes, el comportamiento y el estilo de vida de los samuráis a través de una serie de códigos culturales y legales, prácticas, filosofías y principios. La vestimenta, las armas y la cultura de Musashi eran bastante habituales, pero había aspectos de su comportamiento que estaban en desacuerdo con este protocolo samurái. Tenía tendencia a ignorar las reglas cuando se adaptaba a sus propósitos.

Por ejemplo, en 1600 se encontró en el bando perdedor de la batalla de Sekigahara (que allanó el camino hacia el shogunato Tokugawa), de ahí que se convirtiera en ronin (un samurái sin amo, literalmente "hombre de la ola"), lo que en aquella época se consideraba vagabundo, perturbador e incluso rebelde. Avergonzado por la pérdida, podría haber cometido *seppuku* (suicidio ritual) como hizo más tarde su hijo adoptivo Mikinosuke (1604-1626) cuando murió su señor feudal, o haber solicitado el patrocinio de un nuevo *daimyo (*señor territorial), pero eligió otro camino.

También era progresista de otras maneras. Por ejemplo, mantenía la cabeza llena de pelo cuando la convención era afeitarse la frente. Rara vez se bañaba porque sentía que lo dejaría vulnerable a los ataques, a pesar de vivir en una cultura donde se esperaba limpieza. También era irrespetuoso y dejaba de lado su *katana* de acero por una espada *bokken* de madera, aprovechaba la guerra psicológica para derrotar a sus adversarios, cambiaba de bando cuando le convenía y luchaba con dos armas cuando la convención era usar sólo una.

Actuar de manera contraria no es necesariamente un medio de éxito, ni es contrario simplemente por oponerse a la norma productiva. Este comportamiento crea poca confianza dentro de la comunidad y llevada al extremo conduce a la renuencia o al destierro. Así, aunque Musashi era algo selectivo en cuanto a cómo y cuándo seguía las reglas de la vida samurái, no llegó a romper la confianza de sus compatriotas. Los hombres que estaban a su lado en la batalla sabían que se podía contar con él cuando el acero se encontraba con el acero. En otras palabras, puede que no fuera el tipo con el que hubiéramos querido pasar la noche antes de una batalla bebiendo junto a la hoguera, pero cuando las espadas se cruzaban no había nadie mejor para tener a nuestro lado para asegurar nuestra capacidad de completar con éxito nuestra misión.

Quizá una mejor manera de traducir este precepto sería decir: "Piensa por ti mismo". El hecho de que algo sea normal o haya sido habitual durante cierto tiempo no significa necesariamente que siga siendo útil. O que la costumbre siga siendo relevante o valiosa...

Considere el caso de Polaroid, la empresa cuyo nombre fue sinónimo de toma de fotografías. En los años sesenta y setenta, Polaroid tenía el monopolio de la fotografía instantánea y poseía el 20% del mercado de películas y el 15% del mercado de cámaras fotográficas en todo el mundo. Como corporación, eran una potencia, pero no lograron adoptar las tecnologías emergentes y finalmente se declararon en quiebra en 2001.

Todas las empresas pasan por un ciclo empresarial estándar desde su lanzamiento hasta el crecimiento, la sacudida, la madurez y la disminución. Las buenas son capaces de crear regularmente nuevos productos o servicios o de reinventarse de otro modo e impulsar una extensión del ciclo de vida, pero las que no lo hacen o no pueden terminar como Polaroid. Dado que alrededor de un tercio de todas las empresas se declaran en quiebra en su primer año, y la mitad por el quinto, seguir la convención estándar parecería ser un camino hacia el fracaso de los negocios.

Tenemos que preguntarnos regularmente si las costumbres que seguimos siguen cumpliendo nuestros objetivos. ¿Están funcionando? ¿Ha cambiado algo que debería hacernos reevaluar nuestra elección o nuestra dirección? A medida que trabajas en esta sección, haz una auditoría creativa de tu situación. Luego, como haría cualquier carpintero experto, mide dos veces y corta una vez.

¿Estoy a lado de lo que es verdadero y correcto o con la horda?

Recientemente caí en la horda cuando

Aquí hay un momento en el que me puse con
lo que era verdad y no con la horda

¿Dónde he transferido mi libertad por una comodidad?

¿Qué pequeño acto puedo hacer para recuperar mi libertad?

¿Es buena mi acción? ¿Con qué frecuencia utilizo la previsión?

¿En qué es fuerte mi poder de elección?

A medida que ocurre el cambio, ¿lo juzgo como malos versos buenos? ¿Es destructivo este punto de vista? ¿De qué manera veo la ventaja de abandonar el juicio?

¿Es realista mi evaluación del cambio?

¿Mi valoración del cambio es de ventaja o de perjuicio?

¿De qué manera dependo demasiado de los demás?

¿Qué acciones puedo llevar a cabo para crear mi propia suerte, para estar preparado para aprovechar cuando aparezca la oportunidad? Nombra tres.

1

2

3

¿Pueden los demás ver mis principios o los oculto?

¿Actúo hoy de acuerdo con el camino que he elegido?

Sí   No

Tomaré esta acción...

... con el único propósito de alinearme con mis principios.

¿Mis principios dirigen mi vida o estoy dejando
que el mundo dirija mi vida?

¿Inspecciono mis primeras impresiones o
simplemente las acepto sin revisarlas?

¿Qué decisiones he tomado recientemente cuando
mi primera impresión no fue la más óptima?

¿Cómo puedo aceptar más mis condiciones?

¿Cómo puedo estar más dispuesto a esperar hasta el momento adecuado?

¿Cómo puedo identificar mejor el momento adecuado para actuar?

¿Con la aceptación ha cambiado mi visión de la situación que me rodea?

¿Cómo calificaría mi confianza en mí mismo?
(marca con un círculo el número correcto 1=más bajo, 10=más alto)

En lo general	1 2 3 4 5 6 7 8 9 10
En casa	1 2 3 4 5 6 7 8 9 10
En el trabajo	1 2 3 4 5 6 7 8 9 10

¿Esta calificación afecta a la forma en que veo el mundo y cómo?

Nunca hay tiempo
suficiente para hacer
todo lo que quieras.

Bill Watterson

16.

No recolectes armas ni practiques con armas más allá de lo que es útil

Este precepto es específico, su contexto se dirige hacia la batalla y la guerra. Sería ridículo que un ejército practique el entrenamiento con armas que sabe que nunca utilizará. Musashi profundiza en este tema en el *Go Rin No Sho,* donde escribe sobre el hecho de estar familiarizado con otras armas para entender sus puntos fuertes y débiles, pero no necesariamente ser hábil con las armas que no utilizamos.

Todo guerrero debería familiarizarse con la forma en que los instrumentos de destrucción a los que podría enfrentarse en el campo de batalla podrían ser utilizados en su contra, eso es prudente. Sin embargo, todos sabemos que no es posible dominar todas las armas concebibles del arsenal, por lo que los soldados se especializan. En cuanto a nuestra arma principal, eso es lo que debemos esforzarnos por dominar. El resto lo debemos saber simplemente.

El ex entrenador jefe de los Rams de Los Ángeles, los Seahawks de Seattle y los Bills de Búfalo, Chuck Knox (1932 - 2018), fue uno de los primeros entrenadores de la NFL en hacer que sus equipos practicaran regularmente las jugadas que esperaban utilizar al final de los partidos cuando necesitaban desesperadamente anotar, algo bastante común hoy en día. Apodado "Ground Chuck", por su tendencia a llamar a las jugadas de carrera, se le cita diciendo: "Practicar sin mejorar no tiene sentido". Sin duda, Musashi habría apreciado ese sentimiento.

Curiosamente, el entrenador Knox también era conocido por practicar a diario su caligrafía cursiva. Tal vez haya sido un método mediático, un tiempo significativo alejado de la intensidad de su trabajo como entrenador, pero sea cual sea el motivo, reservó tiempo para practicarlo. No sabemos por qué lo hizo, pero sí sabemos que esa práctica le resultó útil. Del mismo modo, debemos asegurarnos de que nuestro tiempo se utiliza deliberadamente para cualquier propósito al que nos dediquemos. En otras palabras, debemos dejar de lado cualquier arma, herramienta, aplicación telefónica u otro instrumento que nos pierda el tiempo porque ya no se adapta a nuestras necesidades.

Al auditar este despojo, es útil dividir el acto en tres columnas que representan nuestra mente, cuerpo y espíritu. Rellena las columnas para ver qué aspectos necesitan editarse. ¿Qué deberías dejar de lado para asegurarte de no estar coleccionando armas que ya no ter sean útiles?

Si lo que estoy haciendo no se ajusta a mi plan
de vida y dejo de hacerlo, ¿qué pasaría?

¿Afectará esta acción solo a este artículo o
impregnará otros aspectos de mi vida?

¿Tengo la costumbre de continuar un camino por lo que
aquello implique? ¿Puedes nombrar un ejemplo reciente?

¿Estoy haciendo un buen trabajo para revisar dónde gasto
mi energía? ¿Puedes nombrar un ejemplo reciente?

¿Puedo ser como un gato, relajado cuando es hora de
relajarme y alertar atentamente cuando proceda?

¿Qué hago para alimentar mi mente?

¿Qué hago que sea menos que gratificante? ¿Merece mi tiempo?

¿Mi relajación y entretenimiento me alimento o es comida basura mental? ¿Puedes nombrar un ejemplo reciente?

¿Qué obtengo a cambio de mi esfuerzo?

Profesionalmente

Personalmente

En mi (s) relación (es)

Paso el tiempo libremente, pero ¿a qué costo?

¿Algunas de las posesiones que creo que
poseo me pertenecen en realidad?

La función adecuada
del hombre es vivir, no
existir. No perderé los días
intentando prolongarlos.
Aprovecho mi tiempo.

Jack London

17.

No temas a
LA MUERTE

Todos morimos, es inevitable. Musashi no discute sobre la inevitabilidad de nuestra inminente muerte, sino más bien nos dice: "Se acerca, prepárate." Es evidente que hay un enorme elemento espiritual y cultural en este tema, ya que las distintas sociedades ven el espectro de la muerte de forma diferente.

En la tradición mitológica, el Grim Reaper es la personificación de la muerte. Se le suele representar como un esqueleto corpulento de cuello negro que lleva una guadaña. Esta simbología es importante, ya que algunos pueden ver al Segador Grim como una aparición aterradora o como una liberación de una existencia horrorosa de otros. La guadaña que lleva se utilizó durante siglos, antes de la invención de la maquinaria jalada por caballos o motorizada, para cortar granos y hierbas, acto que podía interpretarse como la muerte de la planta o como su transformación para un nuevo uso, en este caso trigo o cebada para comer o, quizá, paja para un tejado.

En la época de Musashi, los guerreros creían que debían superar cualquier temor a la muerte para que no impidiera su capacidad de servir a sus amos de todo corazón. Por ejemplo, en Hagakure (que se traduce como "Oculto por las hojas"), escrito por Yamamoto Tsunetomo (1659 - 1719), hay un pasaje que dice: "El camino del samurái se encuentra en la muerte... Esta es la sustancia del camino del samurái. Si al enderezar el corazón cada mañana y cada tarde, uno es capaz de vivir como si su cuerpo ya estuviera muerto, gana libertad en el camino. Toda su vida será sin culpa, y tendrá éxito en su vocación".

La muerte no era algo que le resultara indiferente a Musashi, sino que se enfrentaba a ella y la trataba con regularidad, pero está claro que quiere que consideremos la inevitabilidad de la muerte bajo una luz diferente a la de la mayoría de la gente. Espera el reconocimiento y la aceptación. Si argumentamos hacia atrás hasta la Parca, Musashi nos está diciendo que la Parca está siempre presente y que debemos considerar la inevitabilidad de encontrarnos con ella y estar preparados.

Alrededor de los diez años los niños empiezan a darse cuenta que la muerte es un estado universal, irreversible y no funcional. A medida que envejecemos, nuestras actitudes sobre el final de la vida tienden a evolucionar, aunque aproximadamente una cuarta parte de la población adulta afirma no haber pensado en el tema o haberlo hecho muy poco. Menos aún tomar cualquier acción. De hecho, el 68% de los estadounidenses ni siquiera tiene un testamento, un fideicomiso en vida, una directiva de atención médica, un plan de sucesión o un poder notarial duradero. Dado que la muerte nos llega a todos, es un tema que merece nuestra consideración.

Al completar esta sección, ten en cuenta por donde comienzas. ¿Cuál es tu perspectiva de la muerte? ¿Es de miedo, de temor, de aceptación o de acogida? Tómate un momento para orientarte antes de empezar, luego arremángate y ponte a trabajar.

¿Tengo el control de mis emociones, mis ansiedades o me poseen?

¿Qué acciones realizo que interrumpen mi vida, mi flujo, que me cuestan tiempo y calidad de vida?

¿Es mi mente un buen monarca o un dictador despiadado?

Concretamente, ¿dónde dicta mi mente un miedo?

¿Soy lo suficientemente flexible para permitir lo
que podría pasar? ¿De qué manera?

¿Puedo recibir un golpe y sobrevivir? ¿De qué manera?

¿Cuándo fue un momento en que recibí un golpe y
sobreviví? ¿Cómo lo hice? ¿Qué aprendí?

¿Por qué fallé? ¿Qué aprendí?

¿He tomado la decisión mental de seguir adelante o retirarme?

¿Dónde he tomado esta decisión?

¿Temo por mi vida?

Si temo por mi vida, ¿es el miedo la herramienta correcta para proteger mi vida? ¿Qué podría o debería hacer de forma diferente?

La regla inmutable de la vida es que termina en la muerte.
¿Estoy viviendo, o estoy ocupado en no morir?

¿Qué emoción o pensamiento es una mejor
herramienta para proteger mi vida?

¿Qué actos puedo hacer para ganarme la vida de vivir y no morir?

¿Qué puedo hacer para vivir ahora mientras puedo hacerlo?

¿Cómo puedo prepararme mejor para las pérdidas que temo?

¿Tengo un miedo insensato a perder? ¿Qué puedo hacer al respecto?

¿Qué dificultades del mundo real estoy resolviendo
con esta nueva táctica de vida?

El presente es todo lo que tenemos;
¿qué comportamientos estoy asumiendo para vivir en el presente?

La riqueza no consiste
en tener grandes
posesiones, sino en tener
pocas necesidades.

Epicteto

18.

No busques poseer ni bienes ni fetiches para tu vejez

Musashi nunca se casó y, aunque se rumorea que pudo tener hijos con una cortesana llamada Kumoi, no tuvo descendencia que se le conozca. Como ronin (samurái sin amo), nunca se le concedieron tierras o propiedades por su servicio a un *daimyo* (señor territorial). Sin embargo, quería que su legado perdurara más allá de su vida, así que adoptó dos hijos, Mikinosuke (1604 − 1626) e Iroi (1612 − 1678). Mikinosuke se suicidó ritualmente tras la muerte de su daimyo Honda Tadatoki (1596 - 1626), que sucumbió a la tuberculosis, mientras que Iroi se convirtió en el vasallo de mayor rango del daimyo Ogasawara Tadazane (1596 - 1667) a la edad de 26 años.[1]

Por lo tanto, esto plantea la pregunta, aparte de su reputación, ¿qué poseía Musashi en realidad? No mucho según la mayoría, pero lo que poseía lo valoraba y utilizaba claramente. Cabe señalar que, al vivir y luchar cerca de la nobleza, sin duda observó su afán de posesiones y poder. Sin embargo, no creemos que tuviera en baja estima a estas personas a pesar de no aspirar nunca a convertirse en una de ellas.

Aunque Musashi se distanció en gran medida, vivir en tiempos feudales en la parte superior de la jerarquía era sustancialmente diferente a vivir en la parte inferior. Quienes poseían propiedades y controlaban sus propios recursos tuvieron la mejor oportunidad de sobrevivir. Tenían vasallos que los mantenían a salvo, recaudaban ingresos y cumplían su voluntad. Puede que no tuvieran lo mejor de todo, pero rara vez les faltaba el sustento, las provisiones o la atención médica. En un sistema de castas era importante mantener el propio estatus o, cuando era factible, mejorar la propia posición ganando favores, haciendo la guerra o cualquier otro medio posible.

Musashi fue producto de su entorno autoconstruido. Como el sistema de castas mantenía a la gente estática en sus posiciones sociales, el camino más eficaz para ascender en la escala jerárquica era la violencia. Los que eran lo suficientemente valientes y poderosos podían tomar lo que querían y suprimir cualquier acción de represalia contra ellos por parte de los demás.

En otras palabras, el sistema de castas exigía violencia para la movilidad social y una vida mejor. Por supuesto, el señor feudal podía conceder una dispensa especial, pero en la mayoría de los casos era una recompensa por un acto de violencia realizado al servicio del daimyo. Dado que Musashi no tenía familia que cuidar ni propiedad que defender, podía diferenciarse de esta dinámica, al menos en gran medida. Por extremo que esto parezca en el contexto de esos tiempos, Musashi no estaba comprometido por las necesidades, y deseos de la mayoría de sus hermanos.

Dado que no estaba encadenado al sistema, por lo tanto, capaz de forjar su propio camino, Musashi habría sido ciertamente un defensor de otros que siguieran un enfoque similar. Nació budista y, aunque no era particularmente religioso, estuvo influenciado por la filosofía budista y sintoísta, especialmente más tarde en la vida. Afectado por lo que se creía que era un cáncer torácico, sabía con certeza cuándo se acercaba su fin, y eso probablemente también influyó en su perspectiva sobre las posesiones materiales.

Seguramente habrás notado que en este capítulo hay más especulación que en los anteriores. ¿Estamos leyendo mucho en su precepto? Ciertamente, sin duda... La idea es estimular tu pensamiento y llevarte a auditar tu estructura de valores, su uso y propósito.

Las posesiones sólo son útiles mientras uno está vivo, por lo que cuanto mayores seas, menos necesidad tendrá de riquezas materiales, salvo lo que quiera transmitir a tus herederos. ¿Te suena esto o tienes una opinión diferente? A medida que avances en el cuaderno de trabajo, considera lo que valoras y por qué.

Valoramos las cosas bonitas y caras, pero ¿qué son realmente?

¿Lo que valoro es parte de un objetivo mayor o de un símbolo de estatus?

¿Dónde he encontrado que el dinero es más
importante que mi propio nombre?

¿Estoy mejorando o acelerando tras el humo
inasumible de la prepotencia?

¿Es fácil estar cerca de mi ego o es imponente y dominante?

Esta vida tiene tareas para mí. ¿Puedo identificar
esas tareas? Enuméralos aquí:

Una vez que he identificado estas tareas de la vida, ¿puedo, quiero, dar un paso adelante para cumplirlas? ¿Cómo?

Dios nos dio el regalo de la vida; depende de nosotros darnos el don de vivir bien.

Voltaire

19.

Respeta a Buda y a los dioses sin contar con su ayuda

Se trata de una afirmación poderosa, aunque no sorprendente, viniendo de una personalidad fuerte y hecha a sí misma como Musashi. En Japón feudal predominó la religión sintoísta politeísta. El sintoísmo, que se traduce como "el camino de los kami" (generalmente espíritus sagrados o poderes divinos), surgió para distinguir las creencias autóctonas japonesas del budismo importado. Si bien el budismo tiene que ver con la iluminación, el sintoísmo se trata más bien de equilibrar la relación de una persona con el mundo espiritual. Se pensaba que los kami tenían un comportamiento mercurial, que actuaban si estaban disgustados y potencialmente incluso cuando se apaciguaban, lo que dio lugar a varios santuarios, ceremonias y rituales diseñados para ayudar a los humanos a llevarse mejor con los espíritus.

Musashi simplificó su relación con lo divino, manteniendo una reverencia respetuosa pero sin contar con la ayuda de otro mundo. Ciertamente no discutió la existencia de un dios o dioses, pero tampoco esperaba nada de él/ellos. Esta perspectiva también está en consonancia con las opiniones occidentales de la teología. Por ejemplo, la frase "Dios ayuda a los que se ayudan a sí mismos" es una de las frases "bíblicas" más citadas que no se encuentran realmente en la Biblia. Atribuido a Benjamin Franklin (1705 – 1790), probablemente se originó en la antigua Grecia. Sea cual sea su origen, esta frase refleja los pensamientos de Musashi.

El filósofo estoico romano Lucio Anneo Séneca el Joven (4 a.C. - 65) expresó la misma actitud cuando escribió: "La suerte es cuando la preparación se encuentra con la oportunidad". Esto, claramente, es lo que Musashi estaba entendiendo. Siempre estaba entrenando, siempre aprendiendo, siempre preparado para utilizar su estrategia no convencional para imponerse. Un buen ejemplo de ello tuvo lugar en el año 1612, cuando luchó en duelo contra Sasaki Kojirō (1583 – 1612), el principal maestro de espadas de la época.

Musashi apareció tres horas tarde llevando un *bokken* de madera que había tallado de un remo en lugar de una *katana* de acero. Como Musashi sabía que la espada de Kojirō era más larga que una normal, hizo su espada de madera un poco más larga también, dándole una ventaja en el alcance. Al llegar tarde, mostrar desprecio por su oponente, y luego doblar por no tener ni siquiera la dignidad de usar una espada real para un duelo de vida o muerte, sacudió a su adversario.

Uno podría pensar que esto habría sido suficiente para prevalecer, pero Musashi estaba listo para aumentar su ventaja dada cualquier apertura adicional. Cuando Kojirō sacó su espada, arrojó su *saya* (vaina) a un lado con disgusto… y fue entonces cuando la preparación se encontró con la oportunidad. Musashi desconcertó aún más a su adversario diciéndole: "Si ya no te sirve tu vaina, ya estás muerto".

De esta forma Musashi había ganado antes que comenzara la pelea. Sin providencia divina, no se requiere suerte. Preparó las cosas para que no tuviera más opción que imponerse en su lucha con Kojirō, algo que no hizo una vez sino más de 60 veces en duelos, y muchísimas más en escaramuzas en el campo de batalla.

La posición de Musashi era sencilla, pero la tuya puede ser más compleja cuando se trata de tus creencias religiosas o espirituales. Se arriesgaba a ser cortés cuando se trataba de cosas divinas, pero no contaba con ellas para nada. Al completar esta sección del cuaderno de trabajo, considera tu relación con lo divino. ¿En qué crees? ¿Cuáles son tus expectativas? ¿Qué crees que implican tus responsabilidades? ¿Cómo da forma esto a tus acciones?

¿Qué aspecto tendría mi mundo si decidiera considerar
inevitable la buena suerte y la mala suerte?

¿Quiénes son mis tres modelos a seguir?

1

2

3

¿Cuál es el atributo de cada uno de estos modelos a seguir?

1

2

3

¿Qué dicen los tres atributos de mis modelos a seguir
sobre los elementos clave de mis deseos?

1

2

3

¿Qué pensamientos desagradables puedo enfrentar?

¿Puedo ser dueño de todo en lugar de culpar a la suerte o a Dios?

¿Cuándo y dónde he estado usando la suerte o a Dios como excusa?

Quien siembra la virtud
cosecha el honor.

Leonardo da Vinci

20.

Puedes abandonar tu propio cuerpo pero debes preservar tu HONOR

Puedes
abandonar tu
propio cuerpo
pero debes
preservar tu
HONOR

La idea de preservar el honor propio a toda costa es difícil de situar fuera de la cultura japonesa, especialmente en el momento de la historia en que Musashi escribió este precepto. *El Bushido (camino del guerrero), el ethos de los samuráis, es una leyenda.* Los extremos que muchos samuráis tomaron para preservar su honor fueron extraordinarios.

La historia del 47 *ronin* es un buen ejemplo: En 1701, un daimyo (señor territorial) llamado Asano Naganori (1667 - 1701), señor de Ako, viajó a Edo (la capital) para cumplir con sus obligaciones a instancias del shogun (gobernante militar) Tokugawa Tsunayoshi (1646 - 1709). Provocado por la arrogancia de su compañero daimyo y maestro de ceremonias Kira Yoshinaka (1641 - 1703), Asano perdió los estribos y cometió una grave falta de etiqueta al sacar su espada y atacar a su rival en la corte. Indignado, el shogun ordenó a Asano que cometiera seppuku (suicidio ritual), lo que hizo rápidamente y fue enterrado en el cercano templo de Sengakuji.

El patrimonio de Asano fue confiscado tras su muerte y sus 47 criados se encontraron de repente con que eran ronin (samuráis sin amo). Estos guerreros se conocieron en secreto, haciendo un pacto que su código de honor exigía venganza. Esperaron un par de años a que Kira bajara la guardia y se colaron en su casa una madrugada de 1703, masacrando a sus criados. Encontraron a Kira escondido en un retrete, le cortaron la cabeza y la colocaron sobre la tumba de su señor completando su venganza.

Aunque estos ronin habían actuado de acuerdo con el bushido, desobedecieron la autoridad del shogun, que les ordenó cometer seppuku. Todos ellos, de quince a setenta y siete años, obedecieron rápidamente. Fueron enterrados en el mismo templo que Asano y hoy sus tumbas se han convertido en una atracción visitante. Se han escrito innumerables poemas, ensayos y obras de teatro sobre sus obras junto con media docena de películas que memorizan su historia. De hecho, aunque el incidente tuvo lugar hace más de tres siglos, la historia de los 47 ronin es considerada por muchos la leyenda nacional japonesa.

Prácticamente todas las culturas tienen algún tipo de honor, especialmente entre la clase militar. Los artistas marciales y los profesionales de la violencia también suelen ser muy conscientes de este concepto. De hecho, nos gusta mucho la forma en que Teddy Atlas (1956 -), un famoso entrenador de boxeo y comentarista de peleas, lo expresó: "Puedes perder la pelea, pero no te pierdas a ti mismo".

La vida nos trae muchas opciones. Algunas opciones son laterales, otras verticales. La elección lateral se refiere a nuestra realidad existente, mientras que la elección vertical se refiere a nuestro potencial, la realidad ascendente. La pregunta que debes reflexionar en la sección es ¿cómo ilumina e infunde el precepto de Musashi tu vida? ¿Cómo da color a tus elecciones en los ejes horizontal y vertical?

¿De qué manera mis acciones coinciden con mi mente?

¿De qué manera mis acciones coinciden con mis palabras?

¿De qué manera me importa impresionar a la gente?

Si me importa impresionar a la gente, ¿para qué sirve este acto?

Enumera ejemplos en los que siento la necesidad de impresionar incluso en lo más mínimo. ¿Qué me dice esto de mí mismo?

La vida está llena de deberes; algunos deberes tienen un costo asociado.
¿De qué manera me preparo para pagar la tarifa?

¿Estoy cultivando la (s) virtud (s) que hacen
soportable la adversidad? ¿De qué manera?

¿Qué puedo hacer para formar parte de algo más grande que yo?

¿Qué bien puedo encontrar dentro de mí mismo?
¿Cómo puedo sacarlo a la superficie?

¿Qué tan bien está vestido mi espíritu?

¿Mi espíritu es claro y de propósito? ¿Cuál es mi propósito?

¿Cómo puedo asegurarme de que nada de esto se
me vaya a la cabeza para bien o para mal?

¿Está mi atención en las cosas de la mano? ¿De qué manera?

Como dicen en Texas, "¿eres todo sombrero y nada de ganado?"
¿Manifiesto las trampas pero no la base? Si es
así, ¿qué puedo hacer al respecto?

¿De qué manera estoy mostrando mis mejores cualidades?

¿Dónde está el camino hacia la calma?

¿Puedo identificar el camino y luego estudiarlo para conocerlo? ¿Cómo?

¿Estoy en el camino o lo estoy evitando? ¿De qué manera?

Cuando era más joven
tenía un poco de dificultad
para mantenerme en
el camino correcto.

Dwayne Johnson

21.

Nunca te alejes del camino

El término japonés bushido proviene de las palabras raíz bushi, que significa "guerrero", y *do*, que denota un "camino" o "vía". En otras palabras, se traduce literalmente como «camino del guerrero». Al igual que el código de caballería medieval, el bushido era un sistema ético que evangelizaba ciertas virtudes como el valor, el honor, la lealtad, la frugalidad y el autocontrol. Aunque las cualidades específicas promulgadas por el bushido variaron un poco a lo largo del tiempo, como antes de la Guerra de Genpei (1180 - 1185), durante el shogunato Tokugawa (1603 - 1867) y después de la Restauración Meiji (1868 - 1912), se mantuvieron temáticamente constantes durante un periodo muy largo.

En su libro *Bushido: El alma de Japón, Nitobe Inazō (1862 - 1933) enumeró las ocho virtudes del bushido como (1) rectitud (justicia), (2) valor, (3) benevolencia (misericordia), (4) cortesía, (5) honestidad (sinceridad), (6) honor, (7) lealtad y (8) carácter (autocontrol).* El llamado a seguir este camino era tan fuerte en el Japón feudal que se esperaba que cualquier samurái que perdiera su honor (o creyera que estaba a punto de hacerlo) cometiera *seppuku,* una forma particularmente dolorosa de suicidio ritual que implicaba destriparse antes que un amigo de confianza te cortara la cabeza (dejando un colgajo pequeño de piel unida en la parte delantera del cuello para que la cabeza caiga hacia adelante y no se separe del cuerpo).

Es fácil imaginar la influencia del bushido en el precepto final de Musashi de permanecer en el camino, de no desviarse nunca de él. En nuestro caso, esto significa que debemos integrar lo que hemos descubierto al estudiar todos los preceptos anteriores en nuestra vida cotidiana. En otras palabras, reunimos nuestros descubrimientos de los principios de Musashi, los interiorizamos y los ponemos en práctica. Y también significa que debemos auto-auditarnos con regularidad para que cuando nos encontremos desviados, perdiendo el rumbo, seamos capaces de darnos cuenta, reiniciar, y volver a poner el rumbo.

Entonces, ¿qué es este camino? ¿Cuál es tu forma única e individual? Para ser claros, no se trata de una adhesión ciega a los preceptos de Musashi, sino de crear tu propia interpretación personal de lo que debes aceptar y lo que debes rechazar de sus principios. Esto debe derivarse del estudio y análisis reflexivos de lo que escribió. Es todo lo que has aprendido hasta ahora al crear este cuaderno, las decisiones que has tomado y las acciones que has realizado y las que esperas realizar. Estas herramientas se pueden utilizar en todos los aspectos de tu vida, y ahí reside el mayor poder de lo que el Santo Espada tenía que decir.

Presentarse es importante, pero no es un verdadero indicador de si estás o no en realidad en el camino que has imaginado. Es necesaria una auto auditoría continua, asegurando que no se haya extraviado. Tu camino individual y único hacia el futuro se basa en tus creencias, antecedentes, cultura y valores. Considera cómo tus estudios pueden afectar a tu perspectiva, relaciones y comportamientos en el futuro y si realmente estás haciendo lo que te dijiste que harías. ¿Qué se te exige a partir de lo que has determinado? ¿Cómo cumplirás esas obligaciones contigo mismo?

Al finalizar esta última sección, confiamos en que habrás descubierto nuevos conocimientos. Este libro te ha permitido profundizar en lo que es cierto para ti. Cortar esas cosas que ya no pertenecen a tu vida, legítimamente y justamente, provocará los cambios que necesitas y deseas. A medida que integras tu nueva perspectiva, ganarás más poder para reforzar tu dirección, más impulso para no desviarte nunca del camino. De esta manera, haces tuyas las lecciones del Santo Espada, alineando tu corazón y tu mente hacia la superación personal.

¿Cómo puedo refrescar mi mente hoy de una
manera sencilla pero efectiva?

¿Me he convertido en un proyecto de vida?

Si vivo hoy como si fuera mi último día, ¿qué haría?

¿Mis acciones contribuyen a mi bienestar? ¿Cómo?

¿Puedo mantener el ritmo de la vida sin importar la interrupción? ¿Cómo?

¿Dónde crea problemas mi falta de autocontrol?

¿De qué manera está diseñada mi formación para
ayudarme a estar a la altura de las circunstancias?

¿Busco la belleza de la excelencia humana? ¿Cómo?

¿Estoy manteniendo el rumbo o me voy a la deriva?
¿Cómo puedo saber de un momento a otro?

Si tomo las cosas pacientemente paso a paso, ¿qué conquistaría?

¿Estoy en el camino del progreso? ¿Cómo lo sé?

¿Es momento de seguir con ello o de dejarlo? ¿Qué puedo o debo hacer de forma diferente?

305

Hoy es _____/_____/_____
¿Aprovecharé este día? Sí _____ No _____
¿Qué acción única tomaré este día para aprovechar el día?

Aunque te esfuerces diligentemente en el camino elegido día tras día, si tu corazón no está de acuerdo, entonces, aunque creas que estás en un buen camino, desde el punto de vista de lo recto y lo verdadero, éste no es será un camino genuino.

Miyamoto Musashi

CONCLUSIÓN

CONCLUSION

Para la casta guerrera del Japón feudal, en la época de Musashi, la muerte acechaba en cada esquina. Para la mayoría de nosotros hoy en día, ese nivel de violencia es algo que nunca hemos experimentado, ni querríamos hacerlo, sin embargo, hay cierta claridad de significado que viene de sobrevivir a tales períodos. Esta perspectiva se encuentra en las palabras de Musashi, y se ilustra con la expresión japonesa, hakuiki hitotsu ni mo seimei ga yadori, que se traduce como «vida en cada aliento».

Popularizada en la película de 2003 *The Last Samurai*, esta perspectiva significa vivir el momento plena, consciente e intencionalmente. En tal estado, los momentos duran más tiempo. Hay una plenitud incluso en la experiencia más mundana, como contemplar un cerezo en flor, en la que todas y cada una de las acciones que realizamos se sienten perfectamente completas, por muy mundanas que sean.

Muchos de los preceptos de Musashi se centran en este concepto de vivir en el momento: aceptar todo tal y como es, pensar con ligereza en nosotros mismos y con profundidad en el mundo, desprenderse del deseo, no lamentar lo que hemos hecho, evitar los celos, el resentimiento y la queja, no tener preferencias y no temer a la muerte, por nombrar algunos. La conexión entre la atención plena, la vida en el momento y la salud es clara y convincente. Se ha demostrado que el mindfulness disminuye el dolor crónico, modera la presión arterial, reduce el riesgo de enfermedades cardíacas, disminuye la depresión e incluso retrasa la progresión de ciertos tipos de cáncer.

La atención plena está en la raíz del budismo, el taoísmo y muchas tradiciones nativas americanas, y a menudo se aplica a través de la meditación o los ejercicios de respiración. La vida puede ser lo suficientemente estresante sin agravarla contemplando todo lo que puede o podría salir mal. La auto conversión negativa no tenía cabida en el mundo de Musashi y no debería influir en el nuestro. Cuando nos centramos en la vida en cada aliento, nuestras tribulaciones se hacen más manejables, nuestros objetivos son más alcanzables. De hecho, los estudios científicos demuestran que las personas conscientes tienen una mayor autoestima incluso aceptando sus propios defectos, y como resultado son más felices, más seguras y más exitosas.

Ahora que has completado el cuaderno de trabajo, examina cómo y dónde han cambiado tus perspectivas sobre la vida. Pon tus pensamientos por escrito, apártelos y reflexiona sobre ellos uno o dos años más tarde. Te sorprenderá gratamente lo que descubrirás.

¡Muchas gracias!

¡Muchas gracias por tu compra! Publicar es un proceso arduo y personas como tú son las que hacen que nuestros esfuerzos merezcan la pena. Con aproximadamente 4 millones de títulos nuevos creados cada año, las reseñas imparciales de los clientes son indispensables para ayudar a los lectores a identificar libros que vale la pena comprar. Para ello, si ha encontrado valor en este trabajo, por favor, comunícalo a otras personas. Publica una reseña en Amazon y envíanos el enlace a http://www.stickmanpublications. com/contact/ junto con tu información de contacto y entrarás en un sorteo para ganar versiones autografiadas de nuestros cuatro títulos más vendidos.

Acerca de los autores

Kris Wilder, BCC

Kris fue incluido en el Salón de la Fama de las Artes Marciales de Estados Unidos en 2018. Dirige la Academia de Karate del Oeste de Seattle, un destino frecuente para los practicantes de todo el mundo que también sirve a la comunidad local. Ha conseguido clasificaciones de cinturón negro en tres estilos: karate, judo y taekwondo, y a menudo viaja para realizar seminarios en los Estados Unidos, Canadá y Europa. Su libro, The Way of Sanchin Kata, fue traducido al japonés, un raro honor para un practicante de karate occidental.

Kris es una entrenador de vida certificado a nivel nacional y un autor prolífico, y ha dado conferencias en la Universidad Estatal de Washington y en la Universidad de Susquehanna. Pasó unos 15 años en el ámbito político y de los asuntos públicos, trabajando para campañas desde el nivel local hasta el nacional. Durante esta carrera de consultoría, estuvo periódicamente en el personal de los funcionarios electos. Su trabajo también incluía cabildeo y asuntos corporativos. También fue miembro de La Orden de San Francisco (OSF), una de las muchas órdenes cristianas apostólicas activas.

Kris es el autor más vendido de 22 libros, entre ellos un Beverly Hills Book Award y el Premio Presidencial, un ganador de los premios al mejor libro de EE. UU., un ganador de los premios National Indie Excellence Awards, un ganador del Independent Press Awards, una medalla de oro de los eLiT Book Awards y un ganador de los Premios Indie Book de Next Generation. Ha sido entrevistado en CNN, FOX, The Huffington Post, Thrillist, Nickelodeon, Howard Stern, entre otros.

Kris vive en Seattle, Washington. Puedes contactarlo en Kriswilder@kriswilder.com, en Twitter (@kris_wilder), en Facebook (www.facebook.com/kris.wilder) o en Instagram (https://www.instagram.com/thekriswilder/).

Lawrence A. Kane, COP-GOV, CSP, CSMP, CIAP

Lawrence fue incluido en el Salón de la Fama de Sourcing Supernova del Sourcing Industry Group (SIG) en 2018 por su liderazgo pionero en abastecimiento estratégico, compras, innovación de proveedores y transformación digital. Profesional ejecutivo de externalización certificado, profesional de abastecimiento certificado, profesional certificado de gestión de proveedores y profesional de automatización inteligente certificado, actualmente trabaja como líder sénior en una corporación Fortune® 50 donde juega con miles de millones de dólares del dinero de otras personas. y toma decisiones muy importantes.

Artista marcial, experto en el uso juicioso de la fuerza y autor de 20 libros de gran éxito, ha ganado numerosos premios, entre ellos el Independent Press Award 2021, el 5º Premio Anual del Libro de Beverly Hills y el Premio Presidencial, el ganador del 13º Premio Anual a los Mejores Libros de EE.UU., el ganador de los 11º y 14º Premios Nacionales a la Excelencia Indie, un ganador de los Next Generation Indie Book Awards, una medalla de oro de los eLit Book Awards, 3 finalistas del ForeWord Magazine Book of the Year Award, 5 finalistas del USA Book News Best Books Award, 3 finalistas de los Next Generation Indie Book Awards, 2 finalistas de los Beverly Hills Book Awards y un premio de bronce de los eLit Book Awards.

Desde 1970, Lawrence ha estudiado y enseñado artes marciales asiáticas tradicionales, combates europeos medievales y técnicas modernas de armas de corta distancia. Trabajando a tiempo parcial en la seguridad de los estadios durante 26 años, estuvo involucrado en cientos de altercados violentos, pero le pagaban por ver el fútbol. Consultor técnico fundador del Instituto de Artes Marciales Tradicionales de la Universidad de Nuevo México, también ha escrito cientos de artículos sobre artes marciales, defensa personal, fuerza compensatoria y temas relacionados.

Ha sido entrevistado en numerosas ocasiones en podcasts (por ejemplo, Art of Procurement, Negotiations Ninja Podcast), programas de radio nacionales y locales (por ejemplo, Biz Talk Radio, The Jim Bohannon Show) y programas de televisión (por ejemplo, Fox Morning News), así como por periodistas de Computerworld, Le Matin, Practical Taekwondo, Forbes, Traditional Karate y Police Magazine, entre otras publicaciones. Una vez fue entrevistado en inglés por un reportero de un periódico suizo para un artículo que se publicó en francés, y lo encontró extrañamente divertido.

Lawrence vive en Seattle, Washington. Puedes ponerte en contacto con él directamente en lakane@ix.netcom.com o conectarte por LinkedIn (www.linkedin.com/in/lawrenceakane).

OBRAS AMALGAMADAS DE LOS AUTORES

Libros de no ficción

Musashi's Dokkodo (Kane/Wilder)

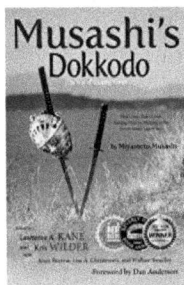

"The authors have made classic samurai wisdom accessible to the modern martial artist like never before" – **Goran Powell**, award winning author of *Chojun* and *A Sudden Dawn*

Shortly before he died, Miyamoto Musashi (1584 – 1645) wrote down his final thoughts about life for his favorite student Terao Magonojō to whom Go Rin No Sho, his famous Book of Five Rings, had also been dedicated. He called this treatise Dokkodo, which translates as "The Way of Walking Alone." This treatise contains Musashi's original 21 precepts of the Dokkodo along with five different interpretations of each passage written from the viewpoints of a monk, a warrior, a teacher, an insurance executive, and a businessman. In this fashion you are not just reading a simple translation of Musashi's writing, you are scrutinizing his final words for deeper meaning. In them are enduring lessons for how to lead a successful and meaningful life.

10 Rules of Karate (Wilder/Kane)

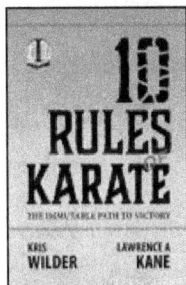

"Since losing is not an option on or off the mat, this is an absolute must read for karateka." – **Christian Wedewardt**, Founder & Head of Karatepraxis

All ten precepts in this concise book cut to the heart of ending physical confrontations as quickly as possible with empty-hand techniques. Our definition of "ending" is to make the attack stop. There is no running after the now fleeing assailant to catch and strike him down. There is no lesson, no teaching, no therapy, no epiphany. There is only making that bad guy stop what he is doing instantly so that you and those you care about will be safe. These principles are style agnostic, all about ending fights immediately. They define how to best apply your skills and training in the real world. Those who work with these principles will find swiftness, clarity, and victory in so doing.

The Little Black Book of Violence (Kane/Wilder)

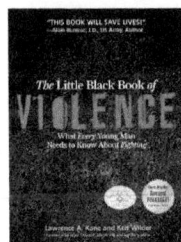

"This book will save lives!" – **Alain Burrese**, JD, former US Army 2nd Infantry Division Scout Sniper School instructor

Men commit 80% of all violent crimes and are twice as likely to become the victims of aggressive behavior. This book is primarily written for men ages 15 to 35, and contains more than mere self-defense techniques. You will learn crucial information about street survival that most martial arts instructors don't even know. Discover how to use awareness, avoidance, and de—escalation to help stave off violence, know when it's prudent to fight, and understand how to do so effectively when fighting is unavoidable.

Sh!t Sun Tzu Said (Kane/Wilder)

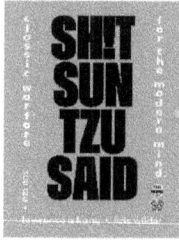

"If you had to choose one variant of Sun Tzu's collected work, this one should be at the top of the pile... I loved it!" – **Jeffrey-Peter Hauck**, MSc, JD, Police SGT (Ret.), LPI, CPT USA, Professor of Criminal Justice

Sun Tzu was a famous Chinese general whose mastery of strategy was so exceptional that he reportedly transformed 180 courtesans into skilled soldiers in a single training session. While that episode was likely exaggerated, historians agree that Sun Tzu defeated the Ch'u, Qi, and Chin states for King Ho-Lu, forging his empire. In 510 BC, Master Tzu recorded his winning strategies in Art of War, the earliest surviving and most revered tome of its kind. With methods so powerful they can conquer an adversary's spirit, you can use Master Tzu's strategies to overcome any challenge, from warfare to self-defense to business negotiations. This book starts with the classic 1910 translation of Art of War, adds modern and historical insight, and demonstrates how to put the master's timeless wisdom to use in your everyday life. In this fashion, the Art of War becomes accessible for the modern mind, simultaneously entertaining, enlightening, and practical.

The Big Bloody Book of Violence (Kane/Wilder)

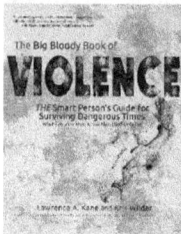

"Implementing even a fraction of this book's suggestions will substantially increase your overall safety." – **Gila Hayes**, Armed Citizens' Legal Defense Network

All throughout history ordinary people have been at risk of violence in one way or another. Abdicating personal responsibility by outsourcing your safety to others might be the easy way out, but it does little to safeguard your welfare. In this book you'll discover what dangers you face and learn proven strategies to thwart them. Self-defense is far more than fighting skills; it's a lifestyle choice, a more enlightened way of looking at and moving through the world. Learn to make sense of "senseless" violence, overcome talisman thinking, escape riots, avert terrorism, circumvent gangs, defend against home invasions, safely interact with law enforcement, and conquer seemingly impossible odds.

Dude, The World's Gonna Punch You in the Face (Wilder/Kane)

"As an emergency room physician, I see a lot of injuries. This book can save you a lot of pain and trauma, not just physical but also emotional and financial as well. Do yourself a favor, read it, and stay out of my Emergency Room." – **Jeff Cooper**, MD

We only get one shot at life. And, it's really easy to screw that up because the world wants to punch us all in the face. Hard! But, what if you knew when to duck? What if you were warned about the dangers—and possibilities—ahead of time? Here is how to man-up and take on whatever the world throws at you. This powerful book arms young men with knowledge about love, wealth, education, faith, government, leadership, work, relationships, life, and violence. It won't prevent all mistakes, nothing will, but it can keep you from making the impactful ones that you'll regret the most. This book is quick knowledge, easy to read, and brutally frank, just the way the world gives it to you, except without the pain. Read on. Learn how to see the bad things coming and avoid them.

Sensei Mentor Teacher Coach (Wilder/Kane)

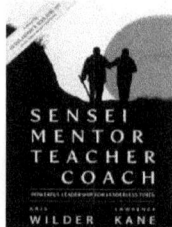

"Finally, a book that will actually move the needle in closing the leadership skills gap found in all aspects of our society." – **Dan Roberts**, CEO and President, Ouellette & Associates

Many books weave platitudes, promising the keys to success in leadership, secrets that will transform you into the great leader, the one. The fact of the matter is, however, that true leadership really isn't about you. It's about giving back, offering your best to others so that they can find the best in themselves.

The methodologies in this book help you become the leader you were meant to be by bringing your goals and other peoples' needs together to create a powerful, combined vision. Learn how to access the deeper aspects of who you are, your unique qualities, and push them forward in actionable ways. Acquire this vital information and advance your leadership journey today.

Dirty Ground (Kane/Wilder)

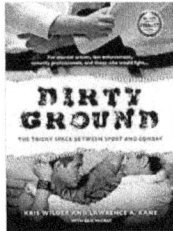

"Fills a void in martial arts training." – **Loren W. Christensen**, Martial Arts Masters Hall of Fame member

This book addresses a significant gap in most martial arts training, the tricky space that lies between sport and combat applications where you need to control a person without injuring him (or her). Techniques in this region are called "drunkle," named after the drunken uncle disrupting a family gathering. Understanding how to deal with combat, sport, and drunkle situations is vital because appropriate use of force is codified in law and actions that do not accommodate these regulations can have severe repercussions. Martial arts techniques must be adapted to best fit the situation you find yourself in. This book shows you how.

Scaling Force (Kane/Miller)

"If you're serious about learning how the application of physical force works— before, during and after the fact—I cannot recommend this book highly enough." – **Lt. Jon Lupo**, New York State Police

Conflict and violence cover a broad range of behaviors, from intimidation to murder, and require an equally broad range of responses. A kind word will not resolve all situations, nor will wristlocks, punches, or even a gun. This book introduces the full range of options, from skillfully doing nothing to employing deadly force. You will understand the limits of each type of force, when specific levels may be appropriate, the circumstances under which you may have to apply them, and the potential costs, legally and personally, of your decision. If you do not know how to succeed at all six levels covered in this book there are situations in which you will have no appropriate options. More often than not, that will end badly.

Surviving Armed Assaults (Kane)

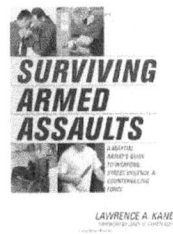

"This book will be an invaluable resource for anyone walking the warrior's path, and anyone who is interested in this vital topic." – **Lt. Col. Dave Grossman**, Director, Warrior Science Group

A sad fact is that weapon-wielding thugs victimize 1,773,000 citizens every year in the United States alone. Even martial artists are not immune from this deadly threat. Consequently, self-defense training that does not consider the very real possibility of an armed attack is dangerously incomplete. You should be both mentally and physically prepared to deal with an unprovoked armed assault at any time. Preparation must be comprehensive enough to account for the plethora of pointy objects, blunt instruments, explosive devices, and deadly projectiles that someday could be used against you. This extensive book teaches proven survival skills that can keep you safe.

The 87—Fold Path to Being the Best Martial Artist (Kane/Wilder)

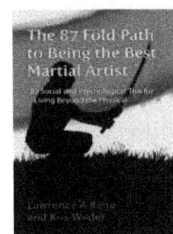

"The 87—Fold Path contains unexpected, concise blows to the head and heart... you don't have a chance, but to examine and retool your way of life." – **George Rohrer**, Executive and Purpose Coach, MBA, CPCC, PCC

Despite the fact that raw materials in feudal Japan were mediocre at best, bladesmiths used innovative techniques to forge some of the finest swords imaginable for their samurai overlords. The process of heating and folding the metal removed impurities, while shaping and strengthening the blades to perfection. The end result was strong yet supple, beautiful and deadly. As martial artists we utilize a similar process, forging our bodies through hard work, perseverance, and repetition. Knowing how to fight is important, clearly, yet if you do not find something larger than base violence attached your efforts it becomes unsustainable. *The 87-Fold Path* provides ideas for taking your training beyond the physical that are uniquely tailored for the elite martial artist.

How to Win a Fight (Kane/Wilder)

"It is the ultimate course in self-defense and will help you survive and get through just about any violent situation or attack." – **Jeff Rivera**, bestselling author

More than 3,000,000 Americans are involved in a violent physical encounter every year. Develop the fortitude to walk away when you can and prevail when you must. Defense begins by scanning your environment, recognizing hazards and escape routes, and using verbal de-escalation to defuse tense situations. If a fight is unavoidable, the authors offer clear guidance for being the victor, along with advice on legal implications, including how to handle a police interview after the altercation.

Lessons from the Dojo Floor (Wilder)

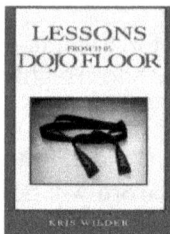

"Helps each reader, from white belt to black belt, look at and understand why he or she trains." – **Michael E. Odell**, *Isshin-Ryu* Northwest Okinawa Karate Association

In the vein of Dave Lowry, a thought-provoking collection of short vignettes that entertains while it educates. Packed with straightforward, easy, and quick to read sections that range from profound to insightful to just plain amusing, anyone with an affinity for martial arts can benefit from this material. This book educates, entertains, and ultimately challenges every martial artist from beginner to black belt.

Martial Arts Instruction (Kane)

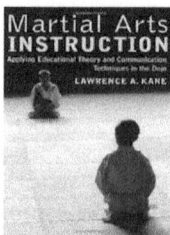

"Boeing trains hundreds of security officers, Kane's ideas will help us be more effective." – **Gregory A. Gwash**, Chief Security Officer, The Boeing Company

While the old adage, "those who can't do, teach," is not entirely true, all too often "those who can do" cannot teach effectively. This book is unique in that it offers a holistic approach to teaching martial arts; incorporating elements of educational theory and communication techniques typically overlooked in *budo* (warrior arts). Teachers will improve their abilities to motivate, educate, and retain students, while students interested in the martial arts will develop a better understanding of what instructional method best suits their needs.

The Way of Kata (Kane/Wilder)

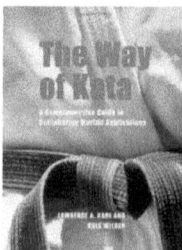

"This superb book is essential reading for all those who wish to understand the highly effective techniques, concepts, and strategies that the kata were created to record." – **Iain Abernethy**, British Combat Association Hall of Fame member

The ancient masters developed *kata*, or "formal exercises," as fault—tolerant methods to preserve their unique, combat-proven fighting systems. Unfortunately, they also deployed a two-track system of instruction where only the select inner circle that had gained a master's trust and respect would be taught the powerful hidden applications of *kata*. The theory of deciphering *kata* was once a great mystery revealed only to trusted disciples of the ancient masters in order to protect the secrets of their systems. Even today, while the basic movements of *kata* are widely known, the principles and rules for understanding *kata* applications are largely unknown. This groundbreaking book unveils these methods, not only teaching you how to analyze your *kata* to understand what it is trying to tell you, but also helping you to utilize your fighting techniques more effectively.

The Way of Martial Arts for Kids (Wilder)

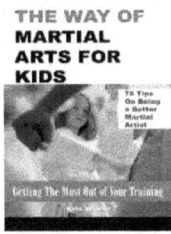

"Written in a personable, engaging style that will appeal to kids and adults alike." – **Laura Weller**, Guitarist, The Green Pajamas

Based on centuries of traditions, martial arts training can be a positive experience for kids. The book helps you and yours get the most out of every class. It shows how just about any child can become one of those few exemplary learners who excel in the training hall as well as in life. Written to children, it is also for parents as well. After all, while the martial arts instructor knows his art, no one knows his/her child better than the parent. Together you can help your child achieve just about anything... The advice provided is straightforward, easy to understand, and written with a child-reader in mind so that it can either be studied by the child and/or read together with the parent to assure solid results.

The Way of Sanchin Kata (Wilder)

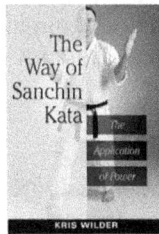

"This book has been sorely needed for generations!" – **Philip Starr**, National Chairman, Yiliquan Martial Arts Association

When karate was first developed in Okinawa it was about using technique and extraordinary power to end a fight instantly. These old ways of generating remarkable power are still accessible, but they are purposefully hidden in *sanchin kata* for the truly dedicated to find. This book takes the practitioner to new depths of practice by breaking down the form piece-by-piece, body part by body part, so that the very foundation of the *kata* is revealed. Every chapter, concept, and application is accompanied by a "Test It" section, designed for you to explore and verify the *kata* for yourself. *Sanchin kata* really comes alive when you feel the thrill of having those hidden teachings speak to you across the ages through your body. Simply put, once you read this book and test what you have learned, your karate will never be the same.

Journey: The Martial Artist's Notebook (Kane/Wilder)

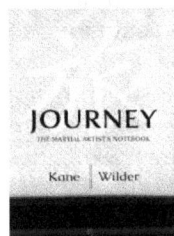

"Students who take notes progress faster and enjoy a deeper understanding than those who don't. Period." – **Loren W. Christensen**, Martial Arts Masters Hall of Fame inductee

As martial arts students progress through the lower ranks it is extraordinarily useful for them to keep a record of what they have learned. The mere process of writing things down facilitates deeper understanding. This concept is so successful, in fact, that many schools require advanced students to complete a thesis or research project concurrent with testing for black belt rank, advancing the knowledge base of the organization while simultaneously clarifying and adding depth to each practitioner's understanding of his or her art. Just as Bruce Lee's notes and essays became *Tao of Jeet Kune Do*, perhaps someday your training journal will be published for the masses, but first and foremost this notebook is by you, for you. This is where the deeper journey on your martial path toward mastery begins.

The Way to Black Belt (Kane/Wilder)

"It is so good I wish I had written it myself." – **Hanshi Patrick McCarthy**, Director, International *Ryukyu* Karate Research Society

Cut to the very core of what it means to be successful in the martial arts. Earning a black belt can be the most rewarding experience of a lifetime, but getting there takes considerable planning. Whether your interests are in the classical styles of Asia or in today's Mixed Martial Arts (MMA), this book prepares you to meet every challenge. Whatever your age, whatever your gender, you will benefit from the wisdom of master martial artists around the globe, including Iain Abernethy, Dan Anderson,

Loren Christensen, Jeff Cooper, Wim Demeere, Aaron Fields, Rory Miller, Martina Sprague, Phillip Starr, and many more, who share more than 300 years of combined training experience. Benefit from their guidance during your development into a first-class black belt.

<u>Wolves in Street Clothing</u> (Wilder/ Hollingsworth)

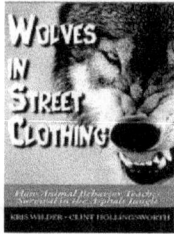

"Teaches folks to rekindle tools that are already in us—already in our DNA—and have been there for thousands of years." – **Ron Jarvis**, Tracker, Outdoorsman, Self-Defense Instructor

This book gives you a new light in which to see human predatory behavior. As we move farther and farther from our roots insulating ourselves in technology and air-conditioned homes we get disconnected from the inherent and innate aspects of understanding the precursors to violent behavior. Violence is not always emotionally bound, often and in the animal kingdom is simply a tool to access a needed resource—or to protect an essential resource. Distance, encroachment, and signals are keys to avoiding a predator. Why would a cougar attack a man after a bike ride? Why would a bear attack a man in a hot tub? Why would a thug rob one person and not another? The predatory animal mind holds many of the keys to the answer to these questions. Learn drills that will help you tune your focus and move through life safer and more aware of your surroundings.

<u>70-Second Sensei</u> (Kane/Wilder)

"I'll let you in on a secret. The 70-Second Sensei is a gateway drug. It's short, easy to read, and useful. It has stuff in it that will make you a better instructor. Even a better person." — **Rory Miller**, Chiron Training

Once you have mastered the physical aspects of your martial art, it is time to take it to the next level—to lead, to teach, to leave a legacy. This innovative book shows you how. Sensei is a Japanese word, commonly translated as "teacher," which literally means "one who has come before." This term is usually applied to martial arts instructors, yet it can signify anyone who has blazed a trail for others to follow. It applies to all those who have acquired valuable knowledge, skills, and experience and are willing to share their expertise with others while continuing to grow themselves. After all, setting an example that others wish to emulate is the very essence of leadership. Clearly you cannot magically become an exemplary martial arts instructor in a mere 70-seconds any more than a businessperson can transform his or her leadership style from spending 60-seconds perusing The One Minute Manager. You can, however, devote a few minutes a day to honing your craft. It is about giving back, offering your best to others so that they can find the best in themselves. And, with appreciation, they can pay it forward...

<u>The Contract Professional's Playbook</u> (Nyden/Kane)

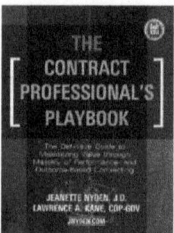

"While early career practitioners may understand the value of drafting, negotiating, and managing exceptional contracts, they often struggle to master the requisite skills. This comprehensive manual helps structure the negotiation process, thereby minimizing the perilous process of trial-and-error, expediting competency with leading practices and tools that can help reduce risk and speed outcomes for both buy-side and sell-side alike." — **Gregg Kirchhoefer**, P.C., IAOP Leadership Hall of Fame Member

Ever increasing demand for performance- and outcome-based agreements stems from pressure for enterprises to drive greater value from their strategic customer/supplier relationships. To achieve expected performance, contractual relationships are increasingly complex and interdependent, requiring more stakeholders be involved in the decision making. Unfortunately for contract professionals held accountable to these requirements there has been little in the way of resources that answer their "how to" questions about drafting, negotiating, and managing performance- and outcome-based agreements. Until now! *The Contract Professional's Playbook* (and corresponding eLearning program) walks subject matter experts who may be new to complex contracting step-by-step through all aspects of the contract life cycle. Invaluable competencies include identifying and managing risk, increasing influence with stakeholders, developing pricing models, negotiating complex deals, and governing customer-supplier relationships to avoid value leakage in the midst of constant change. It's an invaluable resource that raises the bar for buy-side and sell-side practitioners alike.

<u>There are Angels in My Head!</u> (Wilder)

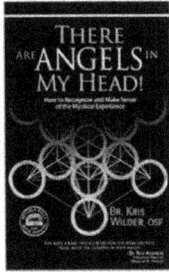

"This is not a book on doctrine, dogma or collection of creeds to memorize in order to impress others with knowledge. This is a practical application of your participation in a new experience. Here you will find your questions answered even before they are asked." – **Br. Rich Atkinson**, Order of St. Francis

The unexplainable has happened. A prayer has been answered, a gift has been given, a communication has occurred... Is it the voice of God, or the voices in your head? Here's how to find out: In this groundbreaking book, you will discover the organization of the mystical experience. Based on the classic works of G. B Scaramelli, an 18th Century Jesuit Priest, Wilder brings modern relevance to any person to apply to their journey as they seek the Divine. Using examples and principles from Christianity and other religions, Wilder demonstrates that mankind's profound mystical experience crosses all cultures and religions.

Libros de ficción

Blinded by the Night (Kane)

"Kane's expertise in matters of mayhem shines throughout." – **Steve Perry**, bestselling author

Richard Hayes is a Seattle cop. After 25 years on the force he thinks he knows everything there is to know about predators. Rapists, murderers, gang bangers, and child molesters are just another day at the office, yet commonplace criminals become the least of his problems when he goes hunting for a serial killer and runs into a real monster. The creature not only attacks him, but merely gets pissed off when he shoots it. In the head. Twice! Surviving that fight is only the beginning. Richard discovers that the vampire he destroyed was the ruler of an eldritch realm he never dreamed existed. By some archaic rule, having defeated the monster's sovereign in battle, Richard becomes their new king. When it comes to human predators, Richard is a seasoned veteran, yet with paranormal ones he is but a rookie. He must navigate a web of intrigue and survive long enough to discover how a regular guy can tangle with supernatural creatures and prevail.

Legends of the Masters (Kane/Wilder)

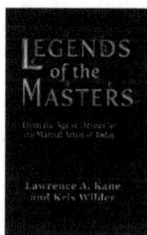

"It is a series of (very) short stories teaching life lessons. I'm going to bring it out when my nephews are over at family dinners for good discussion starters. A fun read!" – **Angela Palmore**

Storytelling is an ancient form of communication that still resonates today. An engaging story told and retold shares a meaningful message that can be passed down through the generations. Take fables such as *The Boy Who Cried Wolf* or *The Tortoise and the Hare*, who hasn't learned a thing or two from these ancient tales? This book retools Aesop's lesser-known fables, reimagining them to meet the needs and interests of modern martial artists. Reflecting upon the wisdom of yesteryear in this new light will surely bring value for practitioners of the arts today.

DVDs

121 Killer Appz (Wilder/Kane)

"Quick and brutal, the way karate is meant to be." – **Eric Parsons**, Founder, Karate for Life Foundation

You know the *kata*, now it is time for the applications. *Gekisai (dai ni), Saifa, Seiyunchin, Seipai, Kururunfa, Suparinpei, Sanseiru, Shisochin,* and *Seisan kata* are covered. If you ever wondered what purpose a move from a *Goju Ryu* karate form was for, wonder no longer. This DVD contains no discussion, just a no-nonsense approach to one application after another. It illuminates your *kata* and stimulates deeper thought on determining your own applications from the *Goju Ryu* karate forms.

Sanchin Kata: Three Battles Karate Kata (Wilder)

"A cornucopia of martial arts knowledge." – **Shawn Kovacich**, endurance high—kicking world record holder (as certified by the Guinness Book of World Records)

A traditional training method for building karate power, *sanchin kata* is an ancient form. Some consider it the missing link between Chinese kung fu and Okinawan karate. This program breaks down the form piece by piece, body part by body part, so that the hidden details of the *kata* are revealed. This DVD complements the book *The Way of Sanchin Kata*, providing in-depth exploration of the form, with detailed instruction of the essential posture, linking the spine, generating power, and demonstration of the complete *kata*.

Scaling Force (Miller/Kane)

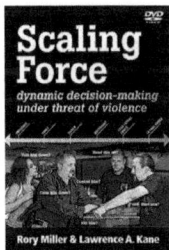

"Kane and Miller have been there, done that and have the t—shirt. And they're giving you their lessons learned without requiring you to pay the fee in blood they had to in order to learn them. That is priceless." – **M. Guthrie**, Federal Air Marshal

Conflict and violence cover a broad range of behaviors, from intimidation to murder, and they require an equally broad range of responses. A kind word will not resolve all situations, nor will wristlocks, punches, or even a gun. Miller and Kane explain and demonstrate the full range of options, from skillfully doing nothing to applying deadly force. You will learn to understand the limits of each type of force, when specific levels may be appropriate, the circumstances under which you may have to apply them, and the potential cost of your decision, legally and personally. If you do not know how to succeed at all six levels, there are situations in which you will have no appropriate options. That tends to end badly. This DVD complements the book *Scaling Force*.

Acepta todo tal y como es

No busques el placer por el placer

En ningún momento dependas de un sentimiento parcial

Piensa poco en ti y mucho en el mundo

Despréndete del deseo durante toda tu vida

No te arrepientas de lo que has hecho

Nunca seas celoso

Nunca te dejes entristecer por la separación

El resentimiento y la queja no son apropiados ni para uno mismo ni para los demás

No te dejes guiar por los sentimientos de lujuria o amor

No tengas preferencias en todo

Ser indiferente al lugar donde vivas

No persigas el sabor de la buena comida

No te aferres a lo que ya no necesitas

No actúes siguiendo las creencias habituales

No recolectes armas ni practiques con armas más allá de lo que es útil

No temas a la muerte

No busques poseer ni bienes ni fetiches para tu vejez

Respeta a Buda y a los dioses sin contar con su ayuda

Puedes abandonar tu propio cuerpo pero debes preservar tu honor

Nunca te alejes del camino